JN437449

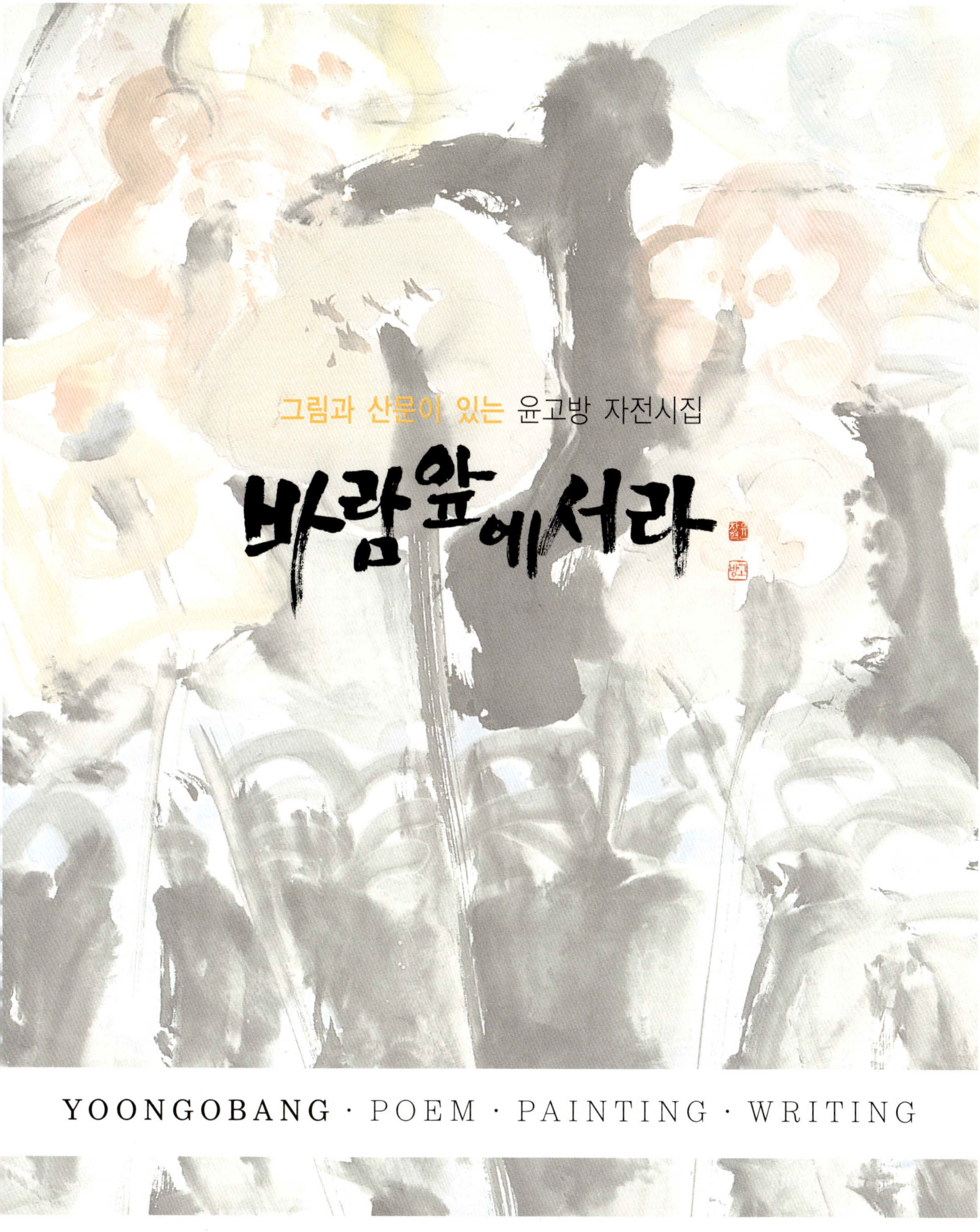

그림과 산문이 있는 윤고방 자전시집

바람앞에서라

YOONGOBANG · POEM · PAINTING · WRITING

책 머리에

윤 고 방

(시인, 화가, 무드리에 사는 농부)

선부른 곡예사의 변(辯)

시(詩)에게, 시인들에게, 문학에게, 예술에게 두루 미안한 마음일 뿐이다. 1990년에 시도화집(詩陶畵集)이라는 걸 엮어내고 나서, 열일곱 해만에야 두 번째 시화문집(詩畵文集)을 내게 되었으니, 그 게으름 때문에라도 단단히 꾸지람을 듣게 되었다.

지금 시대가 어느 시대라고 시서화에다 산문에다가 연(鳶)까지 한데 비벼 가지고, 도대체 무얼 하겠다고 저 야단인가 하는 애정 어린 핀잔이 귓가에 흥건하다. 지난 1집 때는 도자기에 시서화를 실었는데, 이번에는 시마다 작가노트를 곁들였고, 연과 관련된 쪽수도 여럿이 된다. 그러고 보니 결국 '잡탕 비빔밥' 한 그릇 정도가 되지 않았나 싶다. 그런데 그 비빔밥 재료들을 모두 비좁은 텃밭에서 자가 생산을 하자고 마음을 먹고 보니, 몸도 마음이고 도무지 견딜 일이 못되었다.

거기에다가, '먹고 살아야 하는 현실'을 주도하는 가정과 직장 쪽으로부터는, 생활과 예술 두 마리 당나귀를 동시에 타고 말겠다는 선부른 곡예사의 굳은 결심을, 끊임없이 의심하는 눈초리가 날아와서 내 뒤통수를 따끔거리게 했음을 부인할 수 없다.

이 시화문집의 곳곳에 '예술 잡놈'의, 숨길 수 없는 푸념이 흘러나오게 된 것은, 위와 같은 연유 때문에 나타난 자의식의 결과이며, 그 푸념들은 하나 같이 사족과도 같은 궁색한 변명이 되고 말았는지도 모를 일이다.

그러나 두 마리 당나귀를 타고, 두 마리 토끼를 쫓고, 한 우물만을 파지 못하는 것은 자의적(恣意的) 선택의 몫이 아니다. 흔히들 이러한 일을 두고 욕심, 그것도 헛된 망상이라고 웃어 넘기는 사람이 많은 것도 사실인데, 글쎄 그게 단순히 허욕이라고 제켜 놓는 데 대해서는 너무 억울하여 견딜 수가 없다. 키가 큰 사람 작은 사람이 모두 공평하게 인정되듯이, 얼굴 둥근 사람과 길쭉한 사람이 함께 인정되어야 하는 것처럼 말이다. 이 점에 대하여는 본문 속에서 얘기했지만, ‘MBTI 성격유형검사’ 가 왜 나에게 구세주가 되었는지는 본서 135쪽을 펼쳐 보거나, 인터넷 검색창을 두들겨 보면 금세 머리가 끄덕여질 것이다. 그러니까 결국은, 내 뜻이 아니고 조물주 소관이라는 식의 또 한 번의 운명론적 변명이 되겠는데, 거기밖에는 달리 숨을 곳이 없으니, 이 어찌 딱한 일이 아니겠는가? 본문 속 어디에선가는, ‘나에게 한 우물만 파라고 다그치는 사람에게는 감히 결투를 신청하겠다!’ 고 협박(?)을 해놓았으니, 이제 남은 인생 동안에는 마음 놓고 도깨비짓을 할 수 있겠다.

이번 발표 기회에서, 시와 그림, 산문을 책으로 엮다 보니 그 과정이 너무도 벅차서, 그림 쪽에 대한 소홀함이 더욱 부끄럽게 느껴진다. 핑계 김에 그 동안 해마다 쌓여 온 스케치북의 그림들을 설익은 채로나마 선보이게 된 것은, 한편으로는 송구하고 한편으로는 묵은 항아리를 비워내는 시원함이 있기도 하다.

시집 제목에다가 감히 ‘자전시집’ 이라고 부제를 붙인 것은, 그 동안 이루어 놓은 것이 한미한 점에 비추어 자만한 것이 아닌가 생각되기도 한다. 그러나 시를 독자 앞에 내놓는 일이, 귀한 손님에게 ‘시 대접’ 을 하는 것이라 생각하는데, 좀 더 친절함, 겸손함, 정성스러움으로 상을 차려야 한다고 생각하는 것이다. 그러다 보니 나의 존재의식, 성장 과정, 그 후의 생활 모습을 가급적 진솔한 모습으로 소상하게 밝히게 되었다. 물론 시가 독자에게서 점점 멀어져 간다는 세간의 우려도, 시작 노트를 쓰게 된 주요 원인이 된다.

스승님, 선배님, 강호제현께서 많이 꾸짖어 주시고 또한 격려해 주시길 빌며, 앞으로도 더는 한 눈 팔지 않고 ‘예술 잡놈’ 의 길을 더욱 충실히 갈 것을 다짐해 본다.

이 근 배

(시인, 前 한국시인협회장)

지상의 어둠을 빛으로 빗는 시혼(詩魂)

- 윤고방의 시세계 -

지상에서 가장 아름다운 모국어와 가장 이상적인 문자를 가진 이 땅에 태어난 시인은 참으로 행복하다. 그 위에 어둡고 매몰찬 시대를 겪으면서 목숨의 깊은 바다에서 용솟음치는 언어로 시를 쓰는 시인은 더욱 빛이 난다. 윤고방 시인은 한 시대의 비, 바람을 온몸으로 여과시키며 모국어의 정수를 뽑아내는 시인이다. 그의 시는 오랜 담금질로 벼른 칼처럼 날이 서 있다. 그리고 불과 물을 번가르며 때려낸 망치 자국과 형극의 기간들을 속 깊이 감추고 있다.

옛날 옛적 어린 가슴 깊은 곳에
단단하고 예쁜 어둠 하나 묻어 두었다.
비바람에도 깎이지 않고
눈보라에도 고개 숙이지 않는
까맣게 빛나는 씨앗 한 톨
두꺼운 땅 속에서 움텄다.
줄기에 잎이 무성해지는 날
땅 속 어둠이 고향인
꽃 한 송이 되어날 텐데
세상에서 가장 밝고 아름다운 꽃일수록
땅 속 어둠이 고향인 줄을
눈 밝은 사람들은 보지 못한다.
꽃 지고 맺히는 까만 씨앗 한 톨은
반드시 눈물 속에 묻어야 한다는 걸
눈 밝은 세상일수록 알지 못한다.

– 「어둠 환상곡 · 1」 전문 –

세상에 "예쁜 어둠"이 어디 있는가. 빛은 우주의 온갖 사물에 옷을 입혀 살아 움직이게 하지만, 어둠은 눈도 코도 귀도 없이 고통의 무덤인 것. 그 어둠을 "빛나는 씨앗 한 톨" 또는 "꽃 한 송이"로 볼 수 있기까지, 이 시인은 얼마나 오랜 시간을 어둠에 묻혀 살았을까? 모든 어둠(고통)을 다 삼키고 난 다음에 비로 시인은 눈을 뜨고 "땅 속 어둠이 고향"인 것을 알게 된다. 그리고는 "눈 밝은 사람들은 보지 못한다."고 오히려 빛 속에서 사는 사람들이 진정한 밝음이 무엇인지 모르고, 어둠을 어둠으로만 보는 시력을 안타까워한다. 물론 윤고방 시인이 갇혀 있던 어둠은, 이 땅의 사람들이 겪어야 했던 한 시대이다. 누구에게라고 할 것 없이, 불어 닥친 시대와의 불화 혹은 질곡에 대해서 상처받고 신음하면서도, 깊고 먼 어둠의 사닥다리를 타고 올라가 빛의 문을 여는 데까지는 다다르지 못한다.

그 어둠 속에는
아직 깨어나지 못한
푸른 새 한 마리
갇혀 있다.

하느님께서
어린 새야 어서
알에서 깨어 나오라
했건만

천지신명께서
인생아 너는 어찌 하여
껍질을 버리지 못하느냐
했건만

아직도
둥근 껍질 속에는
반백의 새 한 마리
갇혀 있다.

–「어둠 환상곡 · 3」 전문 –

시인은 우주라는 커다란 자궁 속에 들어있는 무정란인가. 하느님이거나 천지신명께서 아무리 소리쳐 불러도 스스로 껍질 째고 바깥 세상으로 나오지 못한다. 한편으로 어둠을 예쁘게 바라보는 눈을 가졌으면서도, 다른 한편으로는 반백의 나이가 되어도 둥근 껍질 안에서 옴짝도 못하는 자신을 발견한다. 이런 모순과 이율배반은 곧 시인의 몫이며 시를 쓰는 까닭이 되기도 한다. 공허한 관념이나 시류에 얽매이지 않고 오직 자신의 내면을 응시하며, 무겁게 짓누르는 어둠과의 싸움에서 어느 날 문득 날갯짓으로 날아오르는 새의 자유로운 하늘을, 이 시인은 넓게 펼치고 있다.

북한강 맑은 물을
바라보며 산다.
물그림자 속에 내가 있다.

하지만 나는
물그림자 속에서도
산, 돌, 나무, 새들과
함께 사는
실상이다.

나는 땅 위에 살며
옛 그림 속에서나
산(生) 그림자를 꿈꾸는
죽은 그림자가
되기는 싫다.

땅에서는 물론
물에서 하늘에까지
발길 닿는 대로
살아 넘치는
푸른 들판이고 싶다.

-「무드리 소견 · 2」 전문 -

아주 평화롭다. 아주 자유롭다. 홀가분하게 겹겹의 어둠을 훌훌 벗고 강가에 나와 서 있다. “옛 그림 속에서나 / 산 그림자를 꿈꾸는 / 죽은 그림자가 / 되기는 싫다.”고 살아온 날의 헛된 망령을, 죽은 그림자를 지워낸다. “땅에서 물로 / 물에서 하늘에까지” 시인은 비가 되었다가 강물이었다가 다시 구름이 되는 대자연과 한 몸을 이룬다. 여기 이르면 더 이상 어떤 시가 남아 있는가.

윤고방 시인은 1978년 「현대문학」에 이원섭 선생의 추천으로 등단했으면서 1982년 다시 「한국문학」 신인상에 응모, 내가 심사에 참여했던 까닭으로 깊은 문연(文緣)을 맺었었다. 그의 첫 시집 『하늘 가리고 사는 뜻은』은 시도화(詩陶畵)를 곁들여 1990년 상재(上梓) 했던 것인데, 그가 시 쓰기와 아울러 그림과 글씨 도자기에 까지 매우 높은 경지에 이르고 있음을 비로소 알게 되었다. 우리 옛 시인들은 시(詩), 서(書), 화(畵) 삼절(三絕)이라 해서, 시와 그림과 글씨가 서로 다른 세계가 아닌 상호작용으로 예술적 승화를 이루어왔음을 익히 알고 있다.

그러나 지필묵(紙筆墨)의 시대가 저물면서 그 기운은 쇠락해서 몇몇 문사만이 그 맥을 이어왔으나, 지금은 그 뒤를 따르는 이가 없어 적막하기만 한 터였다. 그런데 북한강 기슭에 서실을 꾸미고 시와 더불어 그림과 글씨에 몰입하며 은둔하던 윤고방 시인이, 이번에는 시작노트를 겸한 자전적 시, 해설까지 그림과 함께 꾸미는 사화집 『바람 앞에 서라』를 들고 나왔다.

나는 윤고방 시인이 이순(耳順)에 이르러 어둠을 빛보다 밝게 볼 줄 아는 시의 개안(開眼)에도 괄목상대(刮目相對)이거니와, 금강산에 가서 삼선암을 비롯한 절경을 스케치한 그림에서 저 조선조의 큰 선비의 먹 냄새를 맡을 수가 있었다. 이제 윤고방 시인의 한 생애를 통틀어 시와 그림과 글로 묶어 내놓으면서, 그 동안 겪어온 풍상을 털어 버리기라도 하듯 『바람 앞에 서라』고 스스로에게 주문을 외우고 있다.

한편으로는 그림에 대한 이론적 탐구욕을 뿌리치지 못하고, 「한글 화제시(畵題詩) 연구」라는 논문으로 석학의 자리에 오르기도 했으니, 가장 가파로웠던 한 시대를 아우르고 이 나라의 산과 물을 자기 안에 담아 어둠으로 꽃을 빚는 순열한 혼불이, 앞으로 또 어떤 개벽을 이룰 것인지 자못 기다려진다. 이순(耳順)의 길목에서 시, 서, 화의 눈부신 작업을 세상에 내놓은 윤고방 시인에게 깊은 경의를 드린다.

홍 석 창
(동양화가, 홍익대학교 미술대학 명예교수)

진정한 문인화가의 길

고방 윤창혁은 일찍이 1970년대 중반에, 우리나라의 근대 6대 화가로 추앙 받는 심산(心汕) 노수현(盧壽鉉) 화백으로부터 산수화와 사군자를 사사 받았으므로, 그림 수업의 연한이 30년을 넘었다. 그 후로 현대 한국 최고의 서예가로 꼽히는 일중(一中) 김충현(金忠顯) 선생에게서 서예 수련을 했으니, 서화 스승의 복을 많이도 받고 태어난 행복한 사람이구나 하는 생각이 든다.

그는 본시 대학과 대학원에서 국문학을 전공했고, 그 중에서도 현대시를 연마하여 일찌감치 시인으로 등단했는데, 이로 보아서 예로부터 문인화가들이 궁극적 이상으로 삼는 시·서·화의 길을 어느 누구보다도 본격적으로 가고 있는 사람이라고 할 수 있을 것이다. 현대 문인화에 있어서는 과거처럼 시작(詩作)을 필수 조건으로 따질 수는 없겠지만, 할 수만 있다면야 그만큼 좋은 일이 어디 있겠는가. 그런데 고방은 직장 생활 틈틈이 시간을 쪼개고 또 쪼개어 그 여러 분야를 섭렵하고자 혼신을 다해 왔고 또 이만큼의 성과를 이루었으니, 앞으로의 활약이 자못 기대된다고 하겠다.

원래 문인화는 중국 당나라 때, 학식과 교양을 가진 풍류재사(風流才士)들이 대자연과 호흡하는 가운데 시흥에 겨워 여기(餘技)로 그린 그림을 문인화로 칭하면서부터 비롯된 것인데, 그 후 폭을 넓혀 동양 예술의 진수(眞髓)로 발전해 왔다. 우리나라에는 고려 초에 들어와 고려 중엽과 말엽에 흥성하게 된 미술 장르로서, 조선조에 와서는 추사 김정희에 이르러 최고조에 이르렀음은 주지하는 사실이다.

세인의 입에 회자되는 화론 중에 다음과 같은 표현이 있다.

'시는 형태가 없는 그림이며(詩是無形之畵), 그림은 형태가 있는 시다(畵是有形之詩)'

이는 소동파가 말했다는 '시 가운데 그림이 있고(詩中有畵), 그림 가운데 시가 있다(畵中有詩)'는 표현과 함께, 시와 그림의 관계를 가장 잘 나타내 주는 말로 손꼽혀 왔다. 결국 그림에 있어서도 시정(詩情)과 운치가 그만큼 중요하다는 가르침이 아닐 수 없다.

윤고방은 젊은 시절의 의식 세계를 비구상으로 표현하여, 대한만국 미술대전 한국화 부문에서 입선한 바 있으며, 문인화 부문에서는 특선과 입선을 거듭함으로써, 현역시인으로서는 드물게 보는 시서화인으로 출발한 사람이다. 더구나 2004년에는 동국대학교 대학원에서 '한글 화제시 연구'라는 제목으로 석사 학위를 받았는데, 이 방면에 논리적 학문의 기초까지 닦았으니, 앞으로 진정한 문인화가로서 그의 행로를 주목하지 않을 수 없다.

또 한편에서 연(鳶)이라는 민속 문화와 순수 회화를 접목하여 연그림이라는 새로운 발표 영역의 개척에도 힘을 쏟아서, 2000년 1월 1일 '평화의 연그림 축제', 2002년 '한일월드컵기념 연그림축제'를 개최하는 등 열정적으로 활동해 오고 있다.

한 가지 걱정이 있다면, 여러 분야에 힘을 쏟는 나머지 혹시나 집중력을 잃으면 어쩌나 하는 점이다. 예술이란 무엇보다도 끊임없는 수련의 결과요, 시간과의 싸움이라고도 볼 수 있는데 그런 점에서 앞으로 더욱 정진하여, 현대가 요구하는 훌륭한 문인화가로서 손색없는 작가의 길을 가기를 바란다.

바/람/앞/에/서/라

너는 누구냐

눈물 한 점 남은 까닭

- 호랑이 꿈 -

할아버지 꿈속에서 나는
한 마리 호랑이였다.
그 성난 호랑이가
아버지를 물고 갔단다.
그 날 밤 어머니는 몸을 풀고
아버지는 평생 돌아오지 않았다.
천둥 번개 요동치는 세상에
홀로 남은 우리 엄마
스물 한 살 우리 엄마는
천리만리 피난길에
호랑이 새끼를 등에 업고
캄캄한 시공을 헤매었다.

왜일까
내 최초의 하늘에
아버지의 핏자국이 보이는 것은
내 얼룩무늬 시 몇 편으로
하늘을 가리고 싶었던 것은
왜일까
지금도 막혀 있는 하늘 끝에
눈물 한 점 남은 까닭은

'신' 의 존재를 향한 목마른 하소연

1947년 정해년, 나는 영등포 어디쯤에선가 태어났다 한다. 육십갑자가 한 바퀴 휘 돌아서 다시 돌아왔다고, 그것도 올해는 황금돼지띠라고 한참 법석을 떠들더니, 요즘은 잠잠해졌다, 돼지띠는 제 먹을 복은 타고 난다더니 아닌 게 아니라 해방과 6.25라는 전대미문의 시련기 한가운데를, 아장아장 걸어서 굶어 죽지 않고 사지도 멀쩡하게 통과해냈으니, 참으로 돼지의 먹을 복 하나는 착실히 가지고 태어난 모양이다.

아버지는 해방 전 젊을 때 일경의 감시를 피해서 독립운동 자금 마련에도 참여하셨다고 생전의 할머니께선 가끔 말씀하셨다. 6.25 직전 그때는 사업도 하실 겸 만주로 가시고 집을 비운 사이, 할아버지의 별스런 태몽으로 나는 세상 구경을 하게 되었다. 할아버지께선 어느 날 아침 일어나시자마자 만삭의 며느리에게,

"엄청 크고 무서운 호랑이 한 마리가 선혈이 낭자한 애비를 덥석 물고 달아나는 꿈을 꾸었으니, 아가야 오늘은 특별히 몸조심하거라" 하셨단다.

그 후 40여 년이 지난 1990년에 첫 시집을 내면서 '하늘 가리고 사는 뜻' 이라고 시집 제목을 잡은 것은, 비록 할아버지의 태몽 속이었다 해도 아버지를 해친 원죄의식을, 방랑시인 김병연이 할아버지를 욕되게 한 죄를 씻기 위해 '삿갓으로 하늘을 가리고 살았던' 심정으로 대체시켜 놓은 것이었다. 더구나 내가 네 살이던 6.25 이후 아버님의 생사도 모르는 채 자식들을 낳아 기르고 시(詩) 줄이라고 쓰고 있는 것이 원천적인 불효가 아닌가 싶었던 것이다.

그러나 그런 뜻으로만 한정되지는 않고, 어린 시절 청년 시절 줄곧 중대한 화두가 되었던 '신' 의 존재를 향한 목마른 하소연의 의미가 더 강하게 뒷받침되어 있기도 하다.

하늘 가리고 사는 뜻은

참으로 목숨 아까와서가 아니올시다.
제법 힘살깨나 붙은 목구멍으로
구정물 속에 가두어 기르는 목숨이
더럽긴 더럽다지만 참으로
생판 더러워서가 아니올시다.

손짓 하나 발짓 하나에도
주판알, 동전알, 미적분을 감춰 놓고
입이 입을 속이고, 눈이 눈을 죽이는
세상 얼굴 가죽이 두껍긴 두껍다지만
참으로 부끄러움 몰라서가 아니올시다.

먹장구름 건너 비바람 건너
천둥 번개 더듬어 만 년 세월.
당신께선 진정 어느 암자 돌탑 위에
살아 있는 노을빛 장삼 날리오리까.

당신이 미워서 오늘은 하늘을 가립니다.
당신이 그리워서 오늘은 손톱 밑이 빨갛게
당신의 무덤을 파헤칩니다.
당신의 무덤 속에 암매장된
죽어도 죽어도 썩지 않는
우리들의 미이라를 물어뜯습니다.

목숨을 열어 준 당신께

첫 시집의 제목이 되었던 이 시는, '나'라는 존재의 근원을 탐색한 작품 중 하나다.

Ⅰ연에 그려진, 30대 나의 자화상은 '제법 힘살깨나 붙은' 현실 적응력을 지닌 모습이긴 하지만, 그 현실이란 것이, 나름대로 곧고 깨끗하게 살아가려는 나를 많이 시험하고 괴롭히는 존재다. 혼탁하고 더러운 세상을 외면하려고 고개를 저었지만, 사실은 단지 반사적 행동으로 나타난 방어기제일 뿐일 것이라는 생각이 나를 괴롭혔다.

Ⅱ연에서는 Ⅰ연을 구체화하고자 했다. 나를 둘러싸고 있는 세상은, 계산하고 욕심 부리며 서로 못 믿는 세상이고 나 자신이다. 얼굴이 두껍거나 부끄러움 몰라서가 아니라고 말하지만, 역시 그 까닭으로 삿갓을 쓰고 싶은 것이다.

Ⅲ연에서는 '당신'은, 어설프나마 구도(求道)의 길을 가는 나에게 그 언젠가는 나타나 줄 미지 세계의 조물주와, 내게 현세적 목숨을 안겨 주었지만 한 번도 본 적이 없는 생부(生父)를 오버랩 시킨 모습이다.

Ⅳ연에서 '당신'은 한 번도 만난 적 없기에 너무 그리운 나머지 무덤을 파헤쳐서라도 존재의 진면목을 확인하고 싶었고, 당신이 빚어 준 영생의 미이라를 물어뜯는 극단의 행동까지 감행한다. 마지막 행에서 '나의 미이라'로 하지 않고, '우리들의 미이라'로 한 것은 특수 사실의 일반화를 꾀한 것이다.

목숨을 열어 준 당신께 목숨 바쳐 감사드릴 일이지만, 또 한편으로는 영원한 무(無)의 세계로 돌아갈 수 없도록, 우리를 미이라로 만들어 준 생사 업보의 주인인 당신에게 "왜 이처럼 험한 세상에 나를 빚어 놓았습니까?"하고 이리광삼아 원망 섞인 투정을 해 보았던 것인데, 워낙 표현이 서툴고 어휘들이 부드럽질 못해서 생경한 시가 되고 말았다.

1982년 5월, 한국문학 신인상 당선 소감의 제목을 '다시는 태어나지 않기 위해서'라고 당돌하게 붙인 것도, 이와 같은 자아 인식과 관련을 가진 것이며, 불교에서 설정한 윤회의 단절이라는, 감히 도전할 수 없는 삶의 지향점을 가늠해 보고 있었기 때문이기도 한 것이다.

천둥 속으로 가라

비바람 한 줄기 넘어진다.
살아 숨 쉬는 푸른 살점을 헤치고
요동치는 핏줄을 따라
번갯불 하나 벌판에 꽂힌다.
천둥이 뒤따라 와 천지를 울린다.
풀밭이 온통 불꽃으로 몸부림칠 때
이제야 한 생명이다.
한 목구멍에 숨통 하나 열린다.
떨림과 파열을 가로질러
오지 않는 목숨은 없느니

가자 천둥 속으로, 가자.
번갯불이 길 밝혀주는
벌판을 넘어서
태어나는 생명의 시간을 위하여
생존의 시계를 깨어 놓기 위하여
묵은 잎사귀들을 날려 보내면서
죽은 나뭇가지들을 툭툭 분지르면서
근육을 단련시키는 벌판의 나무들.
눈부신 번개와 천둥과
한 몸이 되어 뒹굴면서
나무는 이제야 단꿈을 꾼다.

나의 성장 공간은 주로 타향, 바닷가 갯바람 속이다.

누구에게나 대체로 그러하겠지만, 어린 시절 내게 있어서 어둠은 매우 무서운 존재였다.

전란의 소용돌이 속, 어머니와 여기저기 피난민 행렬에 휩쓸려 다니던 상황에서 만났던 어둠은 배고픔과 천지에 가득한 영문 모를 두려움 그 자체였다.

한없이 깊은 어둠 속에서 들려오는 총소리, 울음소리, 발자국 소리, 뜻 모를 중얼거림 들은 내 유년의 무의식 속에 들어와 여러 개의 파편으로 오래도록 박혀 있었다.

나의 성장 공간은 주로 타향, 바닷가 갯바람 속이다. 평택 아산만 근처의 고모댁, 이모님 계시던 제주도, 영도가 멀리 보이던 부산의 비탈 동네, 낙동강 인근 김해, 그리고 돌섬의 마산에서 보았던 물빛깔이 내 반생을 지배하는 배경색이다. 그 바다 빛깔 위에 전쟁, 피흘림, 이데올로기의 부딪침, 가난, 분노는 붉은색으로 젖어 들고, 파도, 초록 들판, 우울, 외로움, 희망은 푸른색으로 젖어 들어, 이 두 가지 색조가 서로 마주 보고 섞이고 밀어내면서 상극(相剋)과 상생(相生)을 거듭하더니, 내 삶을 지탱하는 튼튼한 씨줄과 날줄이 되었다.

여기에 실린 그림, 〈원형질〉은 2002년 대한민국미술대전 한국화 비구상 부문에 입선한 작품인데, 이러한 무의식의 세계를 추상적으로 표현해 본 것이다. 화면 전체가 어두울 수밖에 없었으며, 배경 속에 얼룩처럼 박혀 있는 적과 청은 뇌리에 각인된 대조적인 두 요소로서, 이 적과 청은 점차 성장하면서 남북의 이념적 대립에 해당하는 상징적 색감으로 곧잘 나의 화폭 속으로 풀려 나왔다.

원형질 / 180×150cm / 수묵채색

깊은 밤 기적소리

홀린 듯 세상 속에서 깨어나고 싶다. 축시(丑時)말쯤, 움푹 자국 난 베갯머리엔 어젯날 피곤함이 아직 진득하게 배어 있고, 멀리서 가느다랗게 기적소리 들린다. 홀린 듯 깨어나 철길을 달리고 싶다. 목청이 길고 슬프던 그 옛날 기적소리는 이제 울리지 않는다. 눈부신 모시치마 한 자락 가벼이 너풀거리며 밤하늘로 퍼져가던 기적소리.

가물거리는 꿈속에서 은회색 연속무늬 북행열차가 밤길을 달린다. 어두울수록 더욱 견고한 지축을 딛고 달리며 우리들의 담벼락을 흔들다가 담벼락을 건너와서는 방바닥을 울리다가 마침내는 너와 내가 등 돌리고 누운 써늘한 등줄기를 따라 흐른다. 우르르르르르르……

지금쯤 수색역을 지나고 있을까. 일산역을 지나 도라산역을 지나면 한탄강을 건너서 신의주까지는 한참을 더 달려야 할 것이다. 그런데 웬일일까. 날이 밝아도 그 기차는 돌아오지 않는다. 육십년 전에 헤어진 우리 아부지, 아흔 고개 넘은 우리 아부지를 태우고 그 기차는 ……우르르르르르르 달려와야 하는데 돌아오지 않는다. 홀린 듯 깊은 꿈속에서만 울리는 기적소리.

도라산역 건너, 끊어진 다리 앞의 필자

*이 칸은 그냥 비워 두어야겠다. 아버지의 생사가 확인 되거나 혹시 뒤늦게라도 만남이 이루어진다면, 그리고 모두의 숙원이 이루어진다면 그 때 채워도 될 것이기 때문이다.

가시 돋친 산하(山河)여

-이산가족찾기 TV방송을 보고-

생방송의 살아 있는 그림 속에서
이제금 다시 깨어난 당신들이
한 덩어리 살과 피 되어 만날 때,
마디 굵은 손가락, 머리칼 한 터럭까지
한 묶음 갈꽃으로 부림치고 있는
사이, 무거운 육신을 벗어 놓고
당신들의 젖은 옷자락은
텔레비젼 화면을 몰래 빠져나와
거리 밖으로 울며 떠나는 걸 보았다.

반생의 주름살과 한숨을 데불고
몇 날 몇 밤이던가.
뒤척이며 잠 이루지 못한
헤어짐의 마지막 그 자리에서
불꽃에 흩어진
손바닥, 발바닥은
갈라져 가시 돋치고
살 비벼도 살 비벼도 살아나지 않는
갈라져 가시 돋친 산하에 뒹군다.

빛깔 다른 울타리 낯선 거리에
외마디 울음마저 혀 깨물고 서서
당신들을 내동댕이친 세월과
길을 막고 서 있는 빙벽의 하늘 아래
우리들의 옷자락은 떨며 나부끼는데
그 언제 넉넉히 울음 한 번 울 텐가.

「누가 이 사람을 모르시나요」

1983년 6월부터 같은 해 11월까지 KBS TV에서는 「이산가족찾기를 생방송했다. 패티김의 「누가 이 사람을 모르시나요」란 애절한 가락이 배경음악으로 흐르는 가운데, 3시간으로 계획되었던 이 프로는 454시간이라는 무려 150배의 롱런을 하게 된다.

전국을 울음바다로 만든 이 프로를 보면서 나도 많이 울었다. 30여 년 동안 갇혀 있었던 울음 주머니가 마침내 터져버린 꼴이었다. 일면식도 없는 아버지가 혹시라도 남북 어느 쪽에 살아 계신다면 하고 생각하다가 부랴부랴 이산가족찾기 신청을 했다.그 후 몇 해 전 바람결에 언뜻 들렸는지 아버지 소식이 있었다. 북쪽 평양 가까운 곳 어딘가에 살고 계시다는 거였다. 다시 이산가족 찾기 신청을 다시 했는데 지금까지 아무 소식이 없다. 24년이 흐르는 동안 두 번의 정상 회담과 경제 협력을 통해 요즘은 꽤나 부드러워진 듯도 하지만 당시에는 지금보다 훨씬 '가시 돋쳐' 있었고, 남과 북은 '빙벽의 하늘 아래' 갇혀 있었다.

운 좋게 서로 만나서 알아보고는 부둥켜안고 우는 장면에서조차 '살 비벼도 살아나지 않는' 두꺼운 세월의 껍질 – 안타깝지만 어쩔 수 없는 이질감 – 이 느껴졌다. 몸부림치며 목 놓아 울어대는 그들의 울음은 아무래도 '아직은 넉넉하지 못해' 보였다. 155마일 휴전선에는 여전히 차디찬 빙벽이 가로 놓여 있기 때문이다.

이별 그리고 만남 / 150×180cm / 화선지에 채색

꿈에 그리던 금강산을 난생 처음 올랐다.

2005년 겨울에는 교직원팀의 일원으로 외금강에 다녀왔고, 2007년 여름에는 화가팀 10여 명과 함께 내금강엘 다녀왔다. 적막에 휩싸인 휴전선 미무장지대를 육로로 건너가는 버스 안에서 나는 남다른 긴장감과 감회를 질겅질겅 씹었다.

헐벗은 산하, 그 깊숙한 곳곳에 도사리고 있을 타는 듯한 적개의 눈초리, 아니면 시절과 운명을 원망하는, 지금 살아 있는 자 또는 오래 전에 죽어 구천을 떠도는 자들의 혼백이 그 적막 함 속에 손에 잡힐 듯이 보였다. 그리하여 그들의 눈초리는 다른 나라 국경의 입국 검문대가 아닌 월선(越線) 감시대의 으스스한 철골 초라한 건물 속에 빼곡히 들어 찬 사람들의 비좁은 줄 사이를 배회하고 있었다. 메마르고 굶주려 있기로는 죽은 자나 산 자의 시선이 굳이 다르지 않았다.

나는 시간이 허락하는 대로 욕심껏 스케치를 하려고 마음먹었다. 반세기 금단의 땅이 그것도 다른 산도 아닌 금강산인데, 눈에 불을 켜고 얼음 덮인 구룡폭포, 푸른 보석들을 눈 속에 묻어 놓고 시치미를 떼고 앉은 상팔담, 전설 가득 살아 있는 삼일포를 열어 보여 주었던 첫 번째 금강산-개골산의 모습은 실로 감동의 도가니였다.

창묵회에서 추진하여 가게 된 금강산-봉래산은 그림의 스승 홍석창 화백과 동행이어서 참으로 소중히 간직할 추억의 한 페이지가 되었다. 삼선암과 보덕암 앞에서는, 이곳을 찾았던 대화가(大畵家) 겸재 정선, 소정 변관식, 심산 노수현 화백 등이 자리 잡고 화필을 분주히 움직였을 그 자리를 찾아보려고 애쓰기도 했다.

만물상을 올라가는 길에서는 '현대'가 고생을 엄청 했구나 싶었다. 급히 서두른 흔적이 역력. 만물상에 오르니 웬 바람이 그렇게 센지 사람을 날려 버릴 것만 같았다. 전망대 바위 귀퉁이에 화집을 펼쳐 놓고 보니, 한 눈의 시야에 다 들어찰 수조차 없는 만물상의 이 장관을 어찌 이 궁색한 화필로 능히 옮겨 놓을 수 있으리오. 잠시 후 화폭을 서둘러 접고 바위 벼랑길을 내려왔다.

내 고향 판교 1

휘익 – 자동차가 지나간다.
서울발 한계온도는 일백 십 도씨
붉은 살 흰 뼈마디가 드러난
절개지를 따라
진노랑꽃 개나리가 잘도 피었다.

아무 일 없이 휘딱
스쳐 지나가는 저기 산 언덕
외딴 오두막집 앞에
오롯한 호롱불 하나
지금 대낮에도 깜박거린다.

사립문을 지키는 할머니 한 분
시골버스는 황토 먼지를 날리며
꿈 속 신작로를 달려와서
동구 밖에 멈추어 선다.
섰다 떠나는 세월 속에서는
아무도 내리지 않는다.

머지않아 빌딩 숲이 쳐들어온다는
내 고향 판교에는
일천 구백 오십 년 난리 통에
딸 아들 일곱씩이나 떠나보낸
할머니 한 분,
호롱불 켜 놓고 계신다.

사실은 내게 '고향'이란 달콤한 한 마디 말은 없다.

경기도 판교는 서울-경기도-제주도-부산-김해의 고단한 피난살이 여정을 끝내고 돌아온 열여섯 살짜리 소년에게 난데없이 들이닥쳐진 고향이었다. 꿈에서도 그리던 할머니와의 10년 만의 재회, 전혀 예상하지 못했던 삼촌과의 만남이라는 새로운 세상의 열림이었지만, 수천 평 되는 황토 산밭의 힘겨운 개간, 수백 마리 양계, 성경과 찬송가책을 빼앗기고 불태워지고 쫓겨나고 가출을 반복한 생활이었으니, 난생 처음 찾아간 고향인들, 대단한 종손인들 무슨 알뜰한 고향의 정이 배어나겠는가.

그 당시 우리 동네 앞에서는 경부고속도로 측량 기사들이 한참 분주히 움직였는데, 수반역말-지금의 분당구 수내동(藪內里: 숲 안 역마을)의 옛 집터를 포함해서 여기저기 대대로 내려온 조상님들이 묻혀 있던 수만 평 선산들이 한 군데 두 군데씩 헐값에 팔리고 있었다.

계시지도 않은 할아버지의 인감이 위조되었다는 사실은 20년이 지난 후에 밝혀졌지만, 결국 그 땅들은 모조리 남의 손에 넘어가고 말았다. 할머니는 조상님 뵐 낯이 없다고 밤낮없이 한숨지으시더니 몇 년을 견디지 못하고 돌아가시고 말았다.

내 고향 판교 2

서쪽 바닷가에 사는 목수 아저씨
고모부가 지었다는 오두막 초가는
이제 낡은 사진 속에도 없다.

어머니 할머니 치맛자락 쓸리던
낮은 동산 고갯마루는
허공 어디쯤에 눈높이로 떠도는데
긴 그림자 하나 발에 밟힌다.

그림자는 왜 자꾸만
발길을 막는 것일까
새로운 고향을 찾아 나선
내 발목에 감기는 그림자는
음덕(蔭德)의 영험인가?
속절없는 땅기운인가?

나는 그림자를 데리고 떠난다.
다시 정 붙일 곳을 찾아
눈 흘기는 땅기운을 달래며
돌개바람에도 단련이 잘된
식솔들을 데리고 떠난다.

뼈마디 욱신거리는 남다른 고향

이렇게 허망하게 잃어버린 고향이지만 판교는 세월과 함께 탈색되고 윤색되는 과정을 거쳐 가슴을 흔들고 뼈마디 욱신거리는 남다른 고향으로 변모해 갔다. 어머니가 전란 속에서 철부지를 업고 들어와 냉대 속에 숨어 살던 곳. 키가 훌쩍 크신 할머니가 지켜 주시던 초가 오두막집은 황토 언덕과 함께 지금도 가끔씩 꿈속에 폐허가 된 채로 등장하곤 한다.

판교는 이렇듯 고뇌와 방황과 만만찮은 시련을 안겨 준 또 하나의 타향이 아닐까 싶지만, 내가 꼭 갖고 싶은 고향에 대한 욕구를 가장 강렬하게 자극하는 곳이기에 몇 편의 시가 나오게 되었다. 사실 이 시들은 벌써 꽤 오래 전, 그러니까 17년 전 첫 번째 시집이 나오기 이전부터 초고가 마련되어 있었던 것을 요즘 들어 정리한 것인데, 더욱이나 아프고도 그리운 그 상처들의 흔적마저 신도시 신드롬에 지워지고 묻혀 버린다니 아쉬움이 남달라서 몇 편 싣게 되었다.

내 고향 판교 3

남도 천리 떠돌던 나그네가
고향이 무슨 분수인가만
푸른 언덕 눈에 어릴 때마다
내게도 그리운 고향 있었네.

지금은 계절 밖으로 쫓겨났지만
아직은 세월 밑에 숨어 살지만
먼 산 가신 우리 할머니 돌아오시면
그리운 고향이 거기쯤 있을라나.

사나운 그 여름 우리 할머니는
검은 비구름 걷히길 기다렸지만
세월은 강 건너 돌아오지 않고
눈바람 맞으며 상여타고 가셨네.

눈물로 고개 넘던 새댁 적 애기
된장 냄새 물씬 풍기는 오두막으로
시골 장을 돌아 할머니 오시면
그리운 고향, 꿈에나 있을라나.

고뇌 속에서 정신적 성장의 의의를 찾으라

고아들과 함께 지냈던 새벗동산 시절, 그 순간순간 장면장면을 놓쳐서는 안 된다고 다짐하면서 일기를 빠짐없이 썼다. 건물의 구조까지 그려 넣고, 남몰래 가슴 속에 품고 다녔던 그 가련하고 눈물 많던 계집애가 입었던 옷맵시까지 빠트리지 않고, 언젠가는 누구에겐가 다 털어놓고 얘기할 날이 올 것이라고 굳게 믿었다. 장차 시인이 되기 위한 문장 수련과 정감 훈련은 이때부터 시작됐다는 생각이 들곤 한다. 그러나 꽤나 여러 권이던 이때의 일기장들은, 어머니의 고되고도 잦았던 이삿짐 속에서 하나 둘씩 빠져 나가고, 지금은 한 두 권쯤 장롱 속 깊은 곳에 남아서 아내의 해금을 기다리고 있을 것이다.

어쨌든 성장 후, 30여 년 동안 교직 생활을 하면서 교실의 급훈에다가 '꿈을 이루는 사람', '진실을 위하여, 정성을 다하여'라는 표현을 꽤 여러 번 썼던 것으로 기억한다. 또한 고등학교 때, 톨스토이 인생독본에서 읽었던 구절 '고뇌 속에서 정신적 성장의 의의를 찾으라.'를 마음속에 깊이깊이 새겨 두었다가, 자주 꺼내어 먼지를 털어서는 다시 묻어 두기도 했다.

진정 내가 목마르게 찾는 고향이 눈앞에 펼쳐지는 날은 내 꿈이 이루어지는 바로 그날이다. 고단한 육신이 잠시 쉴만한 터전도 중요한 고향이겠지만, 목마른 영혼이 목을 축이게 될 진정한 신심(信心)의 고향, 예술의 고향, 궁극으로는 마음의 고향이 과연 내 앞에 언제 불현듯 나타날런지, 오직 인생 발걸음에 정성을 다할 뿐 무슨 방도가 있겠는가.

어둠 환상곡 1

옛날 옛적 어린 가슴 깊은 곳에
단단하고 예쁜 어둠 하나 묻어 두었다.
비바람에도 깎이지 않고
눈보라에도 고개 숙이지 않는
까맣게 빛나는 씨앗 한 톨
두꺼운 땅 속에서 움텄다.
줄기에 잎이 무성해지는 날
땅 속 어둠이 고향인
꽃 한 송이 피어날 텐데
세상에서 가장 밝고 아름다운 꽃일수록
땅 속 어둠이 고향인 줄을
눈 밝은 사람들은 보지 못한다.
꽃 지고 맺히는 까만 씨앗 한 톨은
반드시 눈물 속에 묻어야 한다는 걸
눈 밝은 세상일수록 알지 못한다.

밝고 아름다운 꽃으로 피어날 어둠

어둠은 밝음보다 친숙한 것이었다. 내게 있어서 유독 어릴 적이나 지금이나 크게 다를 것 없이 세상의 온갖 일들, 특히나 새로 시작하는 일들은 가슴을 설레게 하는 호기심의 대상이다. 이런 증상은 아마도 철이 늦게 들거나, 마음이 천천히 늙는 일과 맞물려 있을 것이다.

유아기 · 소년기에 나를 둘러싸고 일어났던 일들은 「밝음」보다는 확실히「어둠」이라고 표현되기에 알맞은 것들이긴 했지만, 그다지 견딜 수 없는 고통으로 여겨지지는 않았다.

왜냐하면 첫째 그것들은 쉴 새 없이 다반사로 일어나 일상적 현실 자체가 되었기 때문이요, 둘째는 그 남다른 격변들이 반짝이는 내 작은 호기심주머니를 꽉꽉 채우고도 남았기 때문일 것이다. 그리고 가장 중요한 또 한 가지는, 그 괴로움들을 마주보고 삭히고 마음을 쏟아낼 수 있는 공간을 가질 수 있었기 때문이다. 안으로는 내가 쉽게 가질 수 있었던 어두운 골방이었고, 밖으로는 캄캄한 밤하늘이었기 때문이다. 골방 구석진 곳은 나 자신을 남의 방해 없이 찾아갈 수 있는 곳이었고, 어두운 밤하늘은 세상의 온갖 장애물을 뿌리치고, 미지의 온갖 것들을 감싸 안고 있는 세계로 나를 이끌어 주는 무한 가능성의 공간이었다.

그러기에 나는「어둠 환상곡-1」에서 ‘예쁜 어둠 하나를 가슴속에 묻어 두었다’로 표현할 수 있었다. ‘눈물 속에 묻어 두었지만’ 그것은 결국 ‘밝고도 아름다운 꽃으로 피어나고’, ‘단단하고 예쁜 ‘까만 열매’로 맺힐 날이 있으리라 굳게 믿을 수 있었기에 가능한 일이었다.

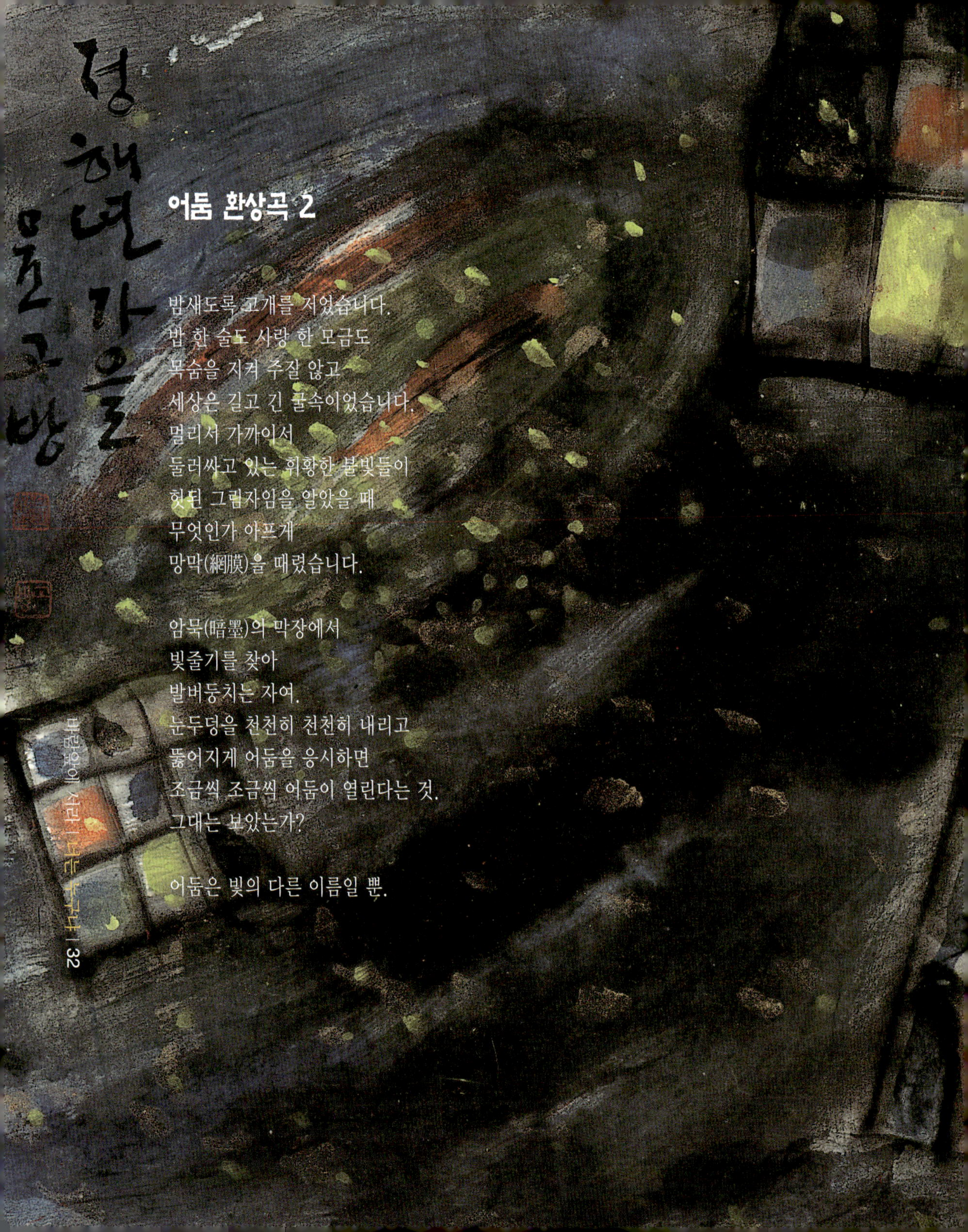

어둠 환상곡 2

밤새도록 고개를 저었습니다.
밥 한 술도 사랑 한 모금도
목숨을 지켜 주질 않고
세상은 길고 긴 굴속이었습니다.
멀리서 가까이서
둘러싸고 있는 휘황한 불빛들이
헛된 그림자임을 알았을 때
무엇인가 아프게
망막(網膜)을 때렸습니다.

암묵(暗墨)의 막장에서
빛줄기를 찾아
발버둥치는 자여.
눈두덩을 천천히 천천히 내리고
뚫어지게 어둠을 응시하면
조금씩 조금씩 어둠이 열린다는 것.
그대는 보았는가?

어둠은 빛의 다른 이름일 뿐.

어둠이 스스로 빛날 때

다섯 살짜리 철부지는 엄마를 따라 호남선 뚜껑 없는 화물 열차를 타고, 전쟁고아들을 대규모로 수용했던 고아원–영화 '전송가'의 소재가 되었다 함–에 전도사로 계신 큰이모님을 찾아 제주도로 간다. 밤길 철로 변에 서 있던 붉은 불 푸른 불을 번뜩이는 시그널이 무서워서 엄마 품속으로 파고든다.

제주도 바닷가 기억은 별로 없지만, 단지 엄청나게 큰 철골구조 강당에 수백 명이 넘던 전쟁고아들 틈에서 그래도 나는 엄마가 있다고 기가 살아서 관중 앞에 나아가 '송아지' 노래를 목청 크게 잘도 불렀다며 어머니가 늘 말씀하셨다.

'어둠 환상곡–2'는 꽤 오래 전에 '어둠이 스스로 빛날 때'라는 제목으로 초고를 잡아 놓았던 시들 중 한 편이다. 어머니의 거듭된 실패로 인해 극도의 물질적, 정신적 고통을 감수해야 했던 나로서는, 나름대로 극복의 길을 찾아 나서지 않으면 안 되었다..

"고통을 직시하라. 비겁하게 피하지 말고 이를 앙다물고 고난과 정면 대결하라" 이렇게 마음속으로 수없이 외치는 것이다. 신기하게도 이 주문 속에서는 어디선지 모르게 힘이 솟아나와 비틀거리는 나를 일으켜 세우곤 했다.

가정교사 아르바이트도 떨어지고 6개월 치 하숙비가 밀려, 밥알이 모래알처럼 까끌까끌, 목구멍으로 잘 넘어가지 않을 때에는, 마산 앞바다 돝섬이 새끼손가락 만해 보이는 무학산 중턱 완월 폭포까지 단숨에 뛰어 올라간다. 그리고 외친다. 물론 깡소주 한 병 정도는 비우고, 비바람이 불면 분위기는 더욱 좋다.

"나는 다 해 낼 수 있다. 그래 좋아. 세상아 한 번 덤벼 봐라" 그러나 끝맺음은 대체로 이렇다. "신이시여, 대답 좀 해 주소! 어디 계십니꺼? 오 마이 갇!" 울음 한바탕 울고 나면 고통 끝. 보이지도 않게 작아진 스레이트 지붕 하숙집으로 어슬렁어슬렁 다시 내려온다.

어둠 환상곡 3

그 어둠 속에는
아직 깨어나지 못한
푸른 새 한 마리
갇혀 있다.

하느님께서
어린 새야 어서
알에서 깨어 나오라
했건만

천지신명께서
인생아 너는 어찌하여
껍질을 버리지 못하느냐
했건만

아직도 둥근 껍질 속에는
둥근 껍질 속에는
반백(半白)의 새 한 마리
갇혀 있다.

어머니는 김해 시절, 밤낮없이 편물기에 매달렸다.

그리고는 귀에 익도록 '슈베르트의 아베마리아와 구노의 아베마리아'를 즐겨 부르셨다. 드르륵 드르륵 밤새도록 끊임없이 울리는 금속성과 흐느끼듯 계속되는 노랫소리. 분명히 부조화의 두 요소였지만 내게는 참으로 달콤한 자장가였다.

그러다가 어머니는 "후–"하고 한 숨을 쉰 다음 "아버지–"라고 되뇌인다. 그런데 나는 이 아버지가 나의 외할아버지인지 성경책의 아버지인지 늘 헷갈리게 마련이다. 편물기 위쪽에는 가시 면류관을 쓴 예수님과 콧수염을 기르신 외할아버지 사진이 나란히 놓여 있었기 때문이다.

외가의 기독 신앙은 여러 대를 걸쳐 내려온 가계 신앙이었다. 외할아버지께선 일제 침략의 민족 수난기에 수원지역 기독교계를 대표하여 독립 운동을 펼치셨고, 지금은 기미독립선언 민족대표 48의사[주1] 중 한 분으로서, 지금도 국립묘지 애국선열묘역에 잠들어 계신다. 어머니께서는 이 점을 늘 자랑스럽게 말씀하시곤 했다. 내가 알기에, 세상에 대한 절망과 배신감으로 인해 기독신앙에 다소 회의를 가지실 때도 육친의 아버지에 대한 신앙(?)만은 결코 변함이 없었다.

'어둠 환상곡-3'에는 신앙에 대한 나의 거듭되는 방황의 과정을 삽화처럼 그려내고자 했다. 최근 보도에 따르면 영면하기 전 테레사 수녀도, 시 잘 쓰는 이해인 수녀도 신의 존재를 두고 번민에 빠졌다는데, 그 유명하고도 흔한 근본주의자나 원리주의자보다도 그녀들의 모습이 훨씬 더 아름답고 존경스럽다.

주1) 기미독립선언 민족대표 48의사 : 외조부님 성함은 김세환(金世煥)이시다. 1919년 3월 1일, 함께 독립선언에 참여했지만, 현재의 민족 대표 33인 외에 15인은 2차의 후사를 기약하기 위해 서명하지 않기로 했다 함. 독립기념관과 국립묘지에는 한 자리에 모셔져 있음.

어둠 환상곡 4

어둠의 집을 짓고 살았다.
밤하늘 어디선가 들려오는
당신의 음성을 찾아 헤매며
당신이 내려 줄 마지막 은총을.
스스로 빛날 어둠을 찾아 헤매었다.

헛된 세상 눈먼 어둠의 벽을 지나
허구의 신전들이 쌓아 올린
돌계단의 그림자를 밟고 내려와서
캄캄한 밤의 무지개 위에 나타날
스스로 빛날 어둠을 참고 기다렸다.

능숙한 어둠이 너른 손바닥으로
어린 햇살을 안아 일으킬 때
비로소 찬란히 밝아오는 새벽하늘
산새 한 마리가 그리는 포물선의 고요
강물 위에 솟아오르는 아침 안개

바로 그때 깨어나는 물상들이 보였다.
어둠은 그 너른 품 안에 가득히
무한 생명만큼의 빛살들을 기르고 있었다.

생명의 밝음에 대한 무한 긍정을 이끌어내는 척후병

이 시는 '어둠 환상곡-2'의 자매편이라 할 수 있겠는데, 어둠-고난을 극복하는 과정은 '어둠이 스스로 빛날 때까지 참고 기다리는' 인고(忍苦)를 통해서만 이룰 수 있다고 보았다.

결국 내게 어둠이란 '당신'의 모습을 담고 있는 신앙의 대상 그 자체였으며 자아 극복을 자극하는 신앙의 매체였다. 그러므로 '헛된 세상 눈먼 어둠'과 '허구의 신전이 쌓아 올린 돌계단의 그림자'를 경계할 수 있었고 늘 위태롭긴 했지만 일정한 거리를 유지할 수 있었다.

'산새 한 마리'와 '강물 위의 아침 안개'는 단지 모양 좋은 수식어가 아니라, 생명의 밝음에 대한 무한 긍정을 이끌어내는 척후병이 되는 셈이다.

유년의 바람꽃 1

아비는 대륙의 미친 회오리였다.
열대성 난기류를 덮쳐서
불면의 황톳벌에 내지른
아수라(阿修羅)[주1)]의 바람꽃[주2)]이었다.
1950625-1953727
바람아, 너의 등번호는
우리들 이마에 찍힌 수인 번호.
천 년 이무기 우는 여름밤.
쇳물 녹아 흐르는 산하에
달맞이꽃은 무더기로 피고 지는데
대낮에도 혓바닥 붉은 달이 떠서
피로 얼굴을 씻고 있었다.

주1) 아수라(阿修羅) : 불교 용어, 악귀의 세계에서 가장 싸움을 잘하는 귀신.
주2) 바람꽃 : 큰 바람이 일 때 먼저 먼 산에 구름이 끼는 보얀 기운

이렇게도 아름다워 보이는 이 말

「유년의 바람꽃」연시 4편은 첫 번째 시집에 실렸던 8편 중에서 골라서 붙였는데 사족이 되지 않았으면 좋겠다. 내 시세계의 든든한 후견인이셨던 한학자이자 시인이신 이원섭선생께서 당시 1시집 첫 머리에 찬(贊)을 써주시면서 "‥‥ 동족상잔이라는 말조차 몰랐을 유년기에 겪었던 아픔이 마음에 뿌리 내려 수십년이 흐르는 중, 그 잎새와 잔가지들이 다 떨어져 나가면서 마치 산호나 되는 것처럼 순수한 정서로 결정(決晶)되었음을 보게 된다.‥‥"고 하셨기에 작품의 완성도에 어느 정도 믿음이 갔고, 내 인생 초반의 모습을 형상화하기에 적절하다 싶어 몇 편을 실었다. 첫 행의 시어 '아비'의 원관념이 필자의 육친을 가리킨 것은 결코 아니며, 6.25전란을 일으킨 장본인 또는 그 원인이 되는 역사적 상황을 은유하고자 한 것이다.

'바람꽃', 이렇게도 아름다워 보이는 이 말을, 우리 역사상 더없이 끔찍했던 동족상잔의 원흉을 가리키는 '아수라(阿修羅)'의 뒷자리에 놓기가 거북하다 못해 안타까울 정도였다. 나는 그 때나 지금이나 바람을 신의 사자(使者) 쯤으로 신성시하고 있다, 거기에다 꽃이라는 사물이야말로 누구에게나 신의 창조물 중에서도 가장 완벽하게 아름다운 존재가 아닌가. 그러나 이 두 단어를 합쳐 놓고 나면, 그 뜻은 예상과는 전혀 다른 것이 되고 만다. 바람은 변화의 주역이요, 모험심을 자극하는 매력적인 도전의 대상이기도 한 것을, 대부분의 세상 사람들은 어찌 두려운 대상으로만 삼는 것인지 모르겠다. '바람꽃'에다가 훈훈하고 부드럽고 고운 옷 한 벌을 입혀 줄 수는 없을까?

1950625-1953727 이렇게 6.25 발발 일자와 휴전 일자를 배열해 놓고 보니 우리들의 주민등록번호와 아주 흡사하여, 6.25에게 숙명적인 자리매김을 해주는 것 같아서 재미있다. 첫 시집에서도 '파도는 잊지 않는다.'에서 '1960315-1960411[주1]-1960419'로 표현하여 3.15부터 4.19까지를 압축하여 형상화했으며, 1987년의 민주화운동을 두고는 '일천구백팔십칠년유월십일-일천구백팔십칠년유월이십육일'[주2]과 같이 글자놀이를 했다. 그러나 이것은 단순한 글자 놀이가 아니라 내 나름으로는 단단한 역사의 바위에다 손가락으로 피흘려 파듯 새겨 놓고자 한 것이다.

주1) 1960년 4월 11일 : 3.15의거 후 김주열군의 시신이 떠오른 이 날 마산 시민은 크게 일어 났다.

주2) 1987년 6월 26일 : 6.10만 기억할 뿐 지금은 거의 잊혀진 날이기도 한데, 노태우 정권의 6.29 항복을 이끌어낸 매우 치열했던 한 시점이었던 것만은 분명하다.

유년의 바람꽃 2

폭탄은 안마당에 떨어졌다.
서까래들이 불꽃 다발을 안고
공중에서 휘돌아 내릴 때,
안방 건넌방 불길 속에서
불길마저 발을 동동 굴렀다.
소리가 되어 흩어지는 혈육들
포성이 저만큼 고개를 넘어간 뒤
화약 연기 매운 안마당
폭탄 구성이 한가운데서
네 살짜리 천더기는 기어 나왔다.
아이는 붉은 색 정지 신호와
입술 새파란 사이렌 소리에 떨며
새벽어둠 속에 서 있었다.

아슬아슬했던 실화 장면 한 도막

어머니께서 생전에 몇 번이고 말씀하시던 아슬아슬했던 실화 장면 한 도막이다. 한강다리가 끊어지고 전쟁이 한창 달아오를 무렵, 수원이 고향인 어머니는 인근 이곳저곳 친척집을 조심스레 찾아다니며 먹을 것 입을 것을 날라 오고 기별도 전하고 했다. 어느 추운 겨울날 네 살짜리 나를 업고 걸리고 하면서 수원 아래 병점 쪽으로 피난민 대열과 함께 눈이 하얗게 덮인 신작로 들길을 가고 있었다. 들판 한가운데쯤 왔는데, 길가 외딴 오두막집 장지문을 열어 놓은 채 한 노파가 우리 모자에게 이리 오라고 손짓을 했다. "여보 새댁. 나 좀 보우?" "네? 왜 그러시죠?" "보아 하니, 애도 딸리고 배도 퍽 고플 텐데, 이리 와서 몸도 좀 녹이고 죽도 좀 들고 가요. 우리 집은 모두 피란 갔수. 나 같은 늙은이는 집이나 지키다 죽으면 되지 뭐" 그 노파가 내놓은 죽 한 그릇을 앞에 놓고 하도 고마워서 눈물이 울컥울컥 솟아 목이 한참이나 메었다.

시간이 얼마나 흘렀을까. 갑자기 쌕쌕이-전투기 소리가 천지를 진동 시키더니 기총소사 소리, 폭탄 터지는 소리에 오두막이 날아갈 것만 같았다. 할머니한테 고맙다는 인사도 하는 둥 마는 둥 하고 길을 다시 나섰다. 다리가 막 후들거려 걷기도 어려울 판인데, 들길을 지나 산 고개 가까이 다가가자 짙은 화약 냄새가 코를 찔렀다. 고개 중턱쯤 다다른 순간 거기에는 조금 전에 들길을 함께 갔던 피난민들이 수십 명 선혈이 낭자한 채 죽어 넘어지고 피투성이가 된 채 살려 달라 아우성이었다. 몇 사람을 일으키고 도와주고 하다가 날은 저물어가고 겁에 질린 어머니는 나를 들쳐 업고 도망치듯 거기를 빠져 나왔다.

친척집에 당도해서도 한 잠도 자지 못한 채, '그 할머니는 누구일까? 내일 빨리 가서 목숨의 은인에게 감사를 드려야지' 하고 생각하다가 이튿날 아침, 그 폭격 맞은 고개 쪽으로는 겁이 나서 가지 못하고 산을 빙 둘러서 다음 날 점심 때 쯤 그 오두막을 찾아갔다. 그런데 이게 웬일일까. 그 오두막집과 할머니는 온 데 간 데가 없고 타다 남은 기둥에서 아직까지 연기가 모락모락 피어오르고 있을 뿐이었다. 근처를 다 헤매며 '할머니' 를 외쳐 불러도 대답이 없고 시신도 찾을 수 없었다 한다.

이 이야기 끝에 어머니는 늘 이렇게 마무릴 지으셨다. 그 날 그 폭격은 피난민으로 위장한 북한군인 줄 알고 미군기가 폭격한 것이었고, 그 오두막집 할머니는 틀림없이 우리 모자를 살리기 위해 아버지께서 보내신 천사였노라고.

유년의 바람꽃 3

아무이요-
하고 손 모두어 부를 때
먼 산 구름 밖에서
당신은 돌아보지 않았다.
갑절이나 더 단단한 이름으로
할무이요-
하고 불렀을 때
대추나무에 걸린 구름이
눈시울을 훔쳐 주었다.

뒷산 솔밭 어두운 부엉새 소리도
아픈 살 속으로 자라더니
썰어가는 바닷물이
해마다 더 넓은 손바닥으로
잔등이를 쓸어 주었다.

50년 만에 찾아간 그 산비탈 계단 길

제주도에서 올라온 후, 평택군 바닷가 아산만 근처 고향 친구처럼 가까운 고종사촌 정식이네 작은 고모댁에서 할머니, 어머니와 나는 두 번째 기약 없는 더부살이를 하게 된다. 몇 달이 지난 어느 날 아침 어머니는 곁에 계시지 않았다. 애들이고 어른이고 모두들 너네 엄마 도망갔다고 놀려댔다. 그때부터 나는 할머니 치마폭만 감고 도는 천덕꾸러기 코흘리개가 되었다. '유년의 바람꽃-3' 은 이때의 기억을 배경으로 한 작품이다.

세 번째 피난 더부살이는 서울 종로구 익선동 큰고모댁이다. 할머니와 함께 얹혀살며 비슷비슷한 또래의 고종사촌들 준이 창이와 보낸 시절은 장난꾼끼리의 생활이라 꽤나 재미있고 감미롭게 기억되곤 한다. 포성이 채 가시지 않는 폐허에서 전쟁놀이를 하던 재미. 유명 납북의사였던 고모부 집안의 깊은 시름은 아랑곳없이 그분이 남긴 복잡한 의료기구들로 가득찬 건넌방이 우리들의 아지트였다.

엄마를 못 본 지 3~4년 되었을까. 이 때 벌써 나는 교동초등학교 2학년생이 되었는데, 부산에 자리를 잡은 어머니가 나를 데리러 왔다. 세 번째의 바닷가 부산 오랜만의 엄마집. 거기엔 아버지라고 부를 적마다 동전 한 잎씩을 주는 낯선 아저씨가 자주 찾아왔고 얼마 후 남동

생도 하나 생겨났다.

이 무렵 반장과 자치회장을 번갈아 하며 사귄 친구 영섭은 50년이 지난 오늘까지 나와의 기구한(?) 우정을 이어가고 있다. 그는 나의 굴곡 심한 성장기-고아원 시절 등-에서 어려울 때마다 의젓한 형님처럼 날 찾아 주었는데, 사실 알고 보면 생년월일이 나보다 한 살이나 어린데도 말이다. 그 후 그는 엘리트 코스를 밟으며 우리나라 경제계의 거목이 되었다.

어머니의 첫 빚잔치 직후. 새 아버지란 사람은 발길을 뚝 끊었다. 빚잔치의 원인도 결과도 모두 그 사람 때문이었다. 어머니는 그의 배신을 원망하는 눈물을 오랫동안 흘렸다. 꽤 넓었던 집도 세간도 모두 없어지고, 부산의 동쪽 끝 서면에서 서쪽 끝 서대신동 산동네 하꼬방으로 이사를 갔다. 수백 계단은 될 듯한 비탈길을 오르면, 산복도로 아래 판자집. 멀리 희뿌연 바다를 배경으로 아침저녁 들렸다 다시 내려오는 영도다리도 보였다. 영도 너머 바다는 나의 불확실한 미래처럼 언제나 뿌연 안개로 얼굴을 가리고 있었다.

근 50년 만에 아내와 함께 찾아간 그 산비탈 계단길, 한두 번쯤은 다시 지은 듯하나 여전히 낡은 집, 멀리 보이는 바다, 모두 낯이 익은데 아무래도 날 반기는 기색이 아니었다. 왜일까 고개를 갸우뚱거리며 꼬불꼬불 계단을 내려왔다.

어머니는 국제시장에서 사 온 헌 옷으로 수영복 만들기, 빙수 장사, 호떡 장사로 생계를 이어갔지만 세 식구의 생활이 갈수록 어려워지자, 부산 생활도 4년 만에 청산하고는 미망인을 돕는 기독교 자선 단체의 도움으로 김해 방주모자원에 안착하게 되었다. 말이 안착일 뿐이지, 헌 소금 창고를 대충 수리해서 휑하니 텅 빈 그 공간을 합판으로 막아 여덟 개의 쪽방을 만든 건물이었는데, 바람이 심하게 불 때면 벌렁거리는 양철지붕 사이로 회색빛 짙은 구름떼가 쏜살같이 지나가는 게 활동사진처럼 모두 보였다.

유년의 바람꽃 4

포성에 흩어진 아이들은
이름 없는 산으로 가서
반딧불로 날았다.
돌멩이가 되어
밤길에 구르던 아이들은
밤이면 모여 앉아
국방색 담요 자락에
까마귀발을 묻었다.
타오르는 것들의
모든 타오름 속에서
무너지는 목숨들의
모든 목숨 속에서도
불덩이로 끓던 산과 강물의
헛된 증오를 허물던
헛된 사랑은,
무너지지 않았다.

붓꽃 / 150×180cm / 화선지에 수묵담채

고아원 이름은 새벗동산

중학생이 되면서부터는 모자원의 자매기관인 새벗동산이라는 고아원에. 어머니가 살아 계신 채 가짜 고아로 입원하게 된다. 후원금품을 보내 주는 미국의 양부모에게 편지 쓰고 카드 그려 부치는 일이 중요한 일과가 되었다. '유년의 바람꽃-4'는 이때의 생활을 토대로 쓰였다. 전쟁이 버린 아이들, 부모가 잃어버린 아이들의 물기어린 커다란 눈망울이 지금도 생생히 떠오른다. 어쩌다 한 번 씩 잃어 버렸던 부모의 품에 안겨 고아원 문을 나서는 아이도 있었지만, 부모가 찾아가기를 기다리던 그들의 절반쯤은 무슨 병인지 모르게 죽어서 흰 천에 덮인 채 소리 없이 영영 떠나곤 했다. 그 아이들이 떠난 빈 방에서 풍겨 나던 적갈색 크레졸 냄새가 지금도 아직 코끝에 남아 있다.

아이들은 백여 명이나 되었는데, 그들 중엔 진언이와 내가 가장 나이가 많았다. 원이 자리잡은 위치가 산 중턱이어서 김해 읍내가 훤히 다 내려다 보였다. 1km는 넘게 떨어진 저 아래 마을로부터 쌀이며 부식이며, 미국에서 온 구호 물품들을 일주일에 한 번씩은 우마차로 날라 와야 했는데, 우마는 없고 머리 큰 원생들이 우마가 되어서는, 단골로 동원될 수밖에 없는 노릇이었다. 나와 진언이 말고도 봉수, 희준이, 성룡이, 을룡이 그 밖에 머리 큰 조무래기들이 개미떼처럼 모여들어 밀고 당겨도 할천고개 중턱까지의 그 비탈길은 참으로 길고도 무정하였다.

제발 이 일만은 면하게 해 달라고 기도하고 싶었지만 하느님께서 도저히 들어 주실 것 같지도 않고, 하마터면 오히려 벌을 받을 지도 모른다는 생각 때문에 꾹꾹 눌러 참았다. 고개 중턱에서부터는 오른쪽으로 돌아 내리막이었으니, 으레 씽씽 신바람이 났다. 그러다가 옆 고랑으로 미끄러져 굴러서 다치고 낭패가 난 적이 한두 번이 아니었다.

언이가 나중에야 몰래 털어 놓은 얘기였지만, 그에게도 엄마가 살아 계신다 했다. 풀들이 듬성듬성 났고 해발 200미터는 됨직한 헐벗은 뒷산으로 새까만 염소를 한 마리씩 데리고 간혹 풀을 먹이러 갔었는데, 그때 그는 이 산 너머 아래 동네에 어머니가 사신다고 털어 놓는 거였다. 새 아버지하고 함께 사는 게 싫어서 여기서 그냥 살아야 하니까 이 사실은 꼭 비밀로 해 달라는 부탁과 함께.

어느 하루는 둘이서 작당을 하고 염소를 산 너머 소나무 그루터기에 매어 놓고는 그의 어머니 집으로 잠입해 들어갔다. 언제나 주린 배를 움켜쥐고 살았던 때라 어머니가 내놓은 밥 한 그릇을 뚝딱 먹어 치우고는 염소에게로 달려갔다. 아뿔싸 염소 한 마리가 없어진 거였다. 얼굴이 하얘 가지고 날이 깜깜해지도록 온 산을 다 뒤졌지만 끝내 그 어미 염소는 보이지 않았다.

원장님의 불호령, 총무-원장님 큰아들-의 가혹한 매질에도 언이의 어머니 집에 갔었다는 말은 절대 입 밖에 내지 않았다. 그 언이는 마산에서 대학을 같이 다닌 후, 경찰에 투신하여 승승장구하더니만 덜컥 위암에 걸려 일찌감치 저 세상으로 혼자서 가 버렸다.

한숨과 용암(鎔巖)

마그마들이 서로 뒤엉켜 사는
까마득한 지하 어둠 속에서는
끊임없이 한숨이 새어 나옵니다.

끓어오르는 탄식을
"휴우 –"하고 세상 밖으로
뱉어 버리고 나면
타다 남은 그을음밖에
남는 게 하나도 없습니다.
한 순간 속 시원하긴 한데
씻은 것도 이긴 것도 아니란 얘깁니다.

쓰디쓴 한숨을
"으음 –"하고 목구멍 너머로
꿀꺽 삼켜 버리고 나면
무겁고 단단한 돌멩이 하나
천천히 천천히 무르녹아
마그마의 품에 안깁니다.

언제일까요. 휴화산이 활활 살아나
어두운 세상을 밝히는 날이
돌멩이가 용암바위 되어 우뚝 서는 날이

같은 하숙집의 룸메이트

마산의 대학 시절, 같은 하숙집의 룸메이트는 인근 지방 약국집 아들로 나보다는 집안 형편이 꽤 낳아 보였다. 거기에다가 얼굴도 미남형이어서 여학생들이 줄줄이 따랐다. 이중삼중 데이트를 하고 돌아다니는 형색이 내게는 부럽기 짝이 없는데도, 늘상 사느냐 죽느냐 하면서 한숨을 쉬어 대었다. '이 가스나를 만나자 카이 저 가시내가 앙탈을 부리고, 이걸 우야노?' 하면서 영 세상 살맛이 안 난다는 거였다. 어머니의 두 번째 빚잔치 때문에 엄청난 고민을 속으로 삭히고 있는 내가 그의 상담역이 되어야 하는 고충은 실로 여간한 것이 아니었다.

하다못해 제안한 것이 한숨을 밖으로 '휴 – '하고 쉬어 버릴 것이 아니라, 안으로 '으음 – ' 하고 삼킴으로써 그것을 잠재 에너지로 만들자는 제안을 하게끔 된 것인데, 그 덕분인지 그 친구는 졸업도 잘하고 취직도 해서 잘 살고 있으니, 내 처방의 효험이 꽤 있는가 보다 하였다. 그 후로 결국 그 처방은 위기에 처한 나 자신을 구원하는 명약이 되었다.

그런데 이렇게 임시로 눌러 놓았던 한숨 즉 잠재 에너지는 가끔씩, 만취의 술 보자기를 쓰고 고삐가 풀린 채 고주망태가 되어 세상 밖으로 튀어 나와서는 감당 못할 일탈들을 저질러대었다. 훗날에 쓰인 '겨울 주점에서' 나 '밤길' '서울 풍경화' 와 같은 시들은 거칠고도 옹이가 단단히 박힌 것들인데, '가슴속으로 꿀꺽 삼킨 한숨' 의 말썽꾸러기 사생아쯤 된다고 보아야 할 것인가.

「2003년 스케치북」에서

우주가 보이는 창가로 가라

- 2000년 1월 1일 0시에 -

광속을 딛고 달리는 우주선 창유리 너머 운석들이 뿌린 먼지를 털어내고 별무리진 세상 밖을 내다보니 우주의 하늘에는 눈금이 없구나. 시작도 끝도 없구나.

고도를 낮추고 낮추고 태양계 속으로 활강하여 지구 행성으로 접근한다. 오랜 항해에 지친 계기들이 숨을 멈추고 드디어 지구별 상공을 선회한다. 흐르는 태양, 산맥 줄기를 휘감은 구름떼, 옹기종기 부스럼 앓는 도시마다 불이 밝은데 이제 막 천년이 지나고 새 천년이 온다나. 야단법석이구나.

눈금 없는 우주에서 보면 눈물과 웃음, 사랑과 미움이 모두 한 가지 얼굴인데 밤새도록 오색 불꽃놀이가 한창인 이 별에서는 세상에 다시없는 영시(零時)가 온다고 보이지도 않고 눈금도 없는 무한공중에 열두 빛깔 욕망의 눈금 새기는 데만 넋이 빠졌구나.

벗어나라. 벗어나라. 세월 한 점 죽은 자리에 때 묻은 세월 한 점 다시 살려 놓는, 부질없는 찰나에 그어 놓은 희로애락의 눈금도 모두 지우고, 욕망의 손바닥 위에 새겨진 마지막 손금마저 모두 지워라.

우주선 창밖에는 언제나 깊고 깊은 어둠의 불꽃이 핀다. 그대 순백의 영혼 위에 영원히 빛날 영시의 불꽃을 피우려거든 우주가 보이는 창가로 가라. 무한 우주를 향해 몸을 던져라.

우주가 보이는 창가 / 45×45cm / 화선지에 채묵

영원히 아름다운 것

하늘에는 길이 보이지 않습니다.
땅 위의 온갖 상처 받은 길들을
감싸 안고 있을 뿐 말이 없습니다.

무엇이 우리를 이 길 위에 있게 하는지
마법의 시간이 언제쯤 풀릴 것인지
아무도 대답하지 않습니다.

파도를 건너서 우리가 어느 때
저 편의 빛나는 언덕에 닿을지
하늘도 땅도 눈짓하지 않습니다.

그러나 첫 번째 분명한 것은
하늘과 땅의 소용돌이 한복판
오롯한 십자로 위에 우리가 서 있다는 것.

두 번째 분명한 것은
태초의 천지가 서로 마주보며 한 몸이듯
당신과 나도, 시작도 끝도 한 식구라는 것.

세 번째 분명한 것은
이 세상 모두가 아름답지만 아무리 그래도
시작할 때 뛰는 가슴이 영원히 아름답다는 것.

적선화(謫仙花)
45×30cm / 화선지에 수묵담채

사람들은 나를 「바람잡이」라고 불렀다

30대 중반 무렵, 여러 가지 힘겨운 일들을 펼쳐 놓고도 또 다시 새로운 일에 뛰어드는 걸 보고 주위 사람들은 나를 「바람잡이」라고 불렀다. 새로운 시작은 언제나 변함없이 내게 큰 기쁨이요, 설레임이다. 그때는 그것이 당연한 것이고 모든 사람들이 다 그렇게 새로 시작하는 일에 몰두하고 기뻐할 것이라고 생각했다. 그러나 나중에 알고 보니 그것은 자의적 선택이 아니라 운명적 자리매김인 것이었다. 새로운 시작에게는 항상 모험적, 불안정이란 꼬리표가 붙어 다니므로, 기뻐하기보다는 태생적으로 경계하고 두려워하는 사람이 매우 많다는 사실을 성격 검사의 연구 결과로 알게 되었다.

보통의 세상사람들은, 인생살이가 안전하게 천천히 방향을 잡으며 조심스럽게 진행되기를 바라는데, 나는 그보다 훨씬 빠른 속도를 꿈꾸며 모험과 풍운조화를 즐기다 보니, 안정을 바라는 주위 사람들로부터 눈총을 받기가 십상이다. 천방지축이다. 럭비공이다. 별종이다 하고 따돌림 당하고 질책을 당하기 일쑤지만 여전히 돈도 안 되는 새로운 일에 몰두하고 또 몰두한다. '새로운 시작 그것만이 영원히 아름다워' 보이도록 그렇게 태어난 걸 어쩌겠는가?

역사에 이름을 남기는 돌출 인간형, 다분야 천재형, 풍운가, 모험가, 다방면 발명가 들이 여기에 속하는 시작 선호형 인간들이겠으나, 야사에조차 이름을 남기기는커녕 주변 사람들의 끊임없는 냉대 속에서 가난과 한숨과 술을 벗 삼아, 끝없는 시작과 모험 속으로 함몰해 간 수많은 시작 선호형 군상들이 눈에 선하게 들어온다. 물론 나 자신도 후자의 한 사람임에 틀림이 없겠지만 말이다.

갯가로 갈까

바닷말 붉게 타는 개펄 그리워.
돛대 끝이 보이는 언덕 위에서
마지막 걸음을 멈추더라도
황토빛 고운 노을 맞으며 갈까.

달빛 속에 천천히 눈 뜨는 섬
물결 따라 조약돌 구르는 소리
추억에 감겨드는 그대 그림자
지금도 수평선에 걸려 있구나.

떠오르는 물결마다 정 깊은 얼굴이여.
마음 놓고 울어도 가슴 넓은 바다여.
깊은 구름일수록 멀리멀리 배웅하며
바람에도 한 세월 갯가로 갈까.

마산은 정신의 고향에 틀림이 없다

내가 태어난 곳은 인연도 정도 없는 영등포이기에 고향이란 생각을 한 번도 해 보지 않았다. 조상의 땅, 소년기의 절반을 보낸 판교가 핏줄의 고향이라면 내 청년기의 고뇌와 희망을 담고 있는 마산은 정신의 고향에 틀림이 없다.

초반기 한일합섬 전기과에 공원으로 다니며 경남대에서 꿈에 그리던 국문학을 전공했고 뒤이어 학창문방구 운영과 학업 계속, 경남방송 PD, 마산무학여중 교사를 거쳤는데 이 사이에 김해 사시던 어머니는 빚잔치를 두 번이나 했다. 1960년대 지방 대학의 모습은 초라했지만 거기에 몸 담고 있는 교수들과 학생들은 열기와 이상에 가득 차 있었다.

마산이 나의 정신적 고향이라는 사실은 문학 써클 「갯물동인」때문이라고 단언해도 좋을 것이다. 지도교수였던 김영태 교수님, 마음 속 기둥이었던 정자봉 교수님. 나이는 나보다 형뻘이지만 학년이 후배라서 내게 부당한(?) 대우를 받는다며 늘 불만이었던 승기, 수병, 미윤, 이들은 시인으로 수필가로 어느 새 마산 문화의 중심에 자리 잡고 있다. 특히 시인 B의 직설과 독설은 자타가 공인하는 수준이라서, 감히 그 앞에다 부정한 비밀을 발설하지 말고 제발 간직해 달라고 부탁할 형편이 아닌데도 아직 폭로할 비밀이 많다며 만나기만 하면 으름장을 놓는다.

시인이자 방송인이었던 추창영 누님, 교내 시화전에 내놓을 그림을 부탁하러 하숙집으로 찾아왔던 여고생, 당차고 주장이 뚜렷하여 나보다 먼저 시인으로 등단했던 옥영. 갯물동인 시화전에 잠자리 날개옷-반투명 망사옷을 입고 나타나서 문학청년의 마음을 흔들어 놓았던 L은 진해 고개를 여러 번씩이나 넘어 다니게 했고, 경남매일에서 조선일보 자리를 옮긴 기용 형은 서울에서 만나 오랫동안 형제의 우의를 다지던 중, 마산 출신 사진기자 A를 소개하여 유익한 심신수련을 착실히 쌓게 해 주었다.

「갯가로 갈까나」는 바다와 나의 운명적 만남을 나타내고자 한 것인데, 3연 1행의 '정 깊은 얼굴'은 틀림없이 마산을 떠올리며 쓴 시어였으므로, 그곳이 내 마음의 고향이 될 수밖에 없는 단서가 되는 셈이다.

바/람/앞/에/서/라
무얼하고 살았느냐

수유동 집 전경(조롱박 어우러진 달밤) / 화선지에 수묵담채

밤에 물 받기

산동네 수도꼭지들은
자정이 넘어서야
푸억푸억 숨을 몰아쉰다.

힘살 좋은 문안 철관들을
모조리 채우고
가물가물한 모관(毛管)에까지
산허리를 돌아
뒤꿈치를 뻗쳐 오르기에는
하해(河海)같은 가슴도
기가 찰 것이었다.

무르팍에서 가슴으로
모가지까지 숨차 오는
생존의 가파른 비탈에 떠밀려
사시사철 코끝이 신선한
여기까지 올라서
허공일수록 더 깊이
뿌리박고 산다.

내일은 한결 축축하게 살 게라고
한 모금이라도 산 듯이 살 게라고
하늘에 축수(祝手)하듯 물받이를 하면서
기다린다. 다 먹이고 넘치고도
이 산비알까지
하해(河海)같은 은택이 고마워서
기다린다. 한 도막씩
음계가 높아지는 물소리에
가슴을 죄면서

차오르는 동이 속에 저수지가 보인다.
이런 밤이사 이무기도 하 심심해서
시퍼런 지느러미가
물보라를 칠 게라.
하늘엔 별들이 한 입 더 새금새금해지고
발 아래 문안은 진작
숨죽이고 엎드린 들짐승인데
오백 년을 더 기다릴 아무기도 이런 밤이사
나처럼 어수선한 꿈이 깊기도 할 게라.

하고한 날, 밤하늘마다
가득 채운 기다림을
한 눈금씩 몰래몰래 차오르는 기약을
이제는 뚜껑으로 잘 눌러 닫고
수도꼭지를 꼬옥 잠그면서
낯익은 어둠에 손을 씻는다.

골방에서 고방으로

밤에 물 받기' 는 '입동일기', '정육점이 보이는 길' 과 함께 1982년 한국문학 5월호에, 이원섭 선생, 박재삼 선생, 이근배 선생 이렇게 세 시인의 공동 심사 결과 신인상으로 당선된 작품이다.

이 당시 도봉구 수유동 집은 내 인생 첫 번째로 마련한 것으로, 헌 집이긴 했으나 ㄷ자 한옥에다가 앞마당에는 30년은 넘은 듯한 왕벚꽃 한 그루가 처마 위 하늘을 가득히 덮고 있었다. 이 광경만으로도 분에 넘치는 그야말로 꿈같은 현실이었다. 그런데 밤늦게 집을 보고 계약을 해서인지 계약 후 찬찬히 뜯어보니 엄청나게 오래된 집이었다. 방마다 위풍이 장난이 아니어서, 겨울이면 으레 방안에서도 물그릇이 꽁꽁 얼었다. 내 생애 처음 마련한 작업실-건넌방은, 연탄가스와 연기가 너무 많이 새어서 몇 년 간 냉방살이를 했다. 왜 미련스럽게도 고치고 살지 못했을까 지금도 의아스럽다.

그러나 바로 거기가 윤고방의 새로운 첫 출발점이었으니 나로선 너무도 감격스런 일이었다. 등단의 시 작품들이 거의 대부분 이 곳에서 이루어졌기 때문에, 이 골방은 경상도에서 주로 부르는 '고방' 이 되었고, 한국문학에 당선 소감을 쓰면서 아예 윤고방 -한자로는 尹古方이 대길운(大吉運)이었다- 이라고 쓴 이후 그 이름으로 시 쓰고 그림 그리고 하면서 모든 창작 활동을 그렇게 하기로 결심하게 되었다.

그런데 또 한 가지, 이 집터의 고도가 꽤 높은 편이어서 대체로 밤 12시가 넘어서야 수돗물이 나오는 것이다. 맞벌이에 나설 아내는 내일 출근을 위해 일찍 재우고 주로 내가 늦게까지 기다렸다가, 서너 개 동이에 물을 다 받을 때까지 별을 보고 달을 보고 처마 끝에 앉아서 별 생각을 다 해 쌓으니, 시가 안 써질 수가 있겠는가. 아무리 생각해도 내게는 큰 행운이 아닐 수 없었다.

이 시 맨 마지막 행의 '낯익은 어둠에 손을 씻는' 일은 내게 있어서 결코 궁상맞거나 처량한 일이 아니었다. 물을 다 받고 난 후, 축시 경(丑時頃 : 밤 1시~3시)부터 나는 시와 씨름하며 밤새도록 행복했다.

고백록 1

– 윤 도깨비에게 –

내게 세상은 무엇인가
깊은 밤 모퉁이에 쭈그리고 앉아서
머루주 서너 잔에 취해서
이제는 한껏 도도하게
삶의 의미를 안주로 씹다가
급기야는 생활의 무게를 따지는 행색이
참으로 가관이구려.

얼굴도 모르는 아버지
가슴에 안길 수 없었던 어머니.
이제금 먼 하늘을 바라보는 당신
우리들의 살과 피로 빚어낸
아들 두 녀석의 몸무게가
견디지 못할 짐은 결코 아니었소.

하지만 희미한 어둠의 저편에서
뜨거운 혈관을 타고 흘러내리는
울긋불긋한 허깨비의 꿈
보이지도 않고 무게도 없는
번뇌의 맥박 속에서 울려 내리는
이름 없는 장인들의 손 떨림
혼백들의 뜻 모를 중얼거림.
도대체 이 나를 어쩌란 말이오.

보이지도 않고 무게도 없는
먹빛 신기루만 가득한
허허로운 벌판에서
내게 세상은 무엇인가.
내 어깨를 짓누르는 힘은 무엇인가.
그러나 결코 고백할 수 없소.
누르는 만큼 일어서고
생활의 무게만큼 살아 있을 뿐.

내 인생의 두 가지 핵심 축

고백록 연작시 몇 편은 내 인생의 두 가지 핵심축인 예술 창작과 생활 현실을 두고 아내와 나 사이에 꽤나 심각한 갈등을 겪는 가운데, 아내에게 고백하는 형식으로 시작하였다. 몇 편 더 이어지면서 고백 대상의 폭을 넓히는 게 자연스럽겠다 싶어 부제를 붙이게 되었다.

얼굴 모르는 아버지의 친구였다는 김 선생님은 당신의 외손녀를 나와 인연 맺게 해 주셨다. 혼인 후 15년이 지난 어느 날, 그 할아버지는 이역만리 타향 미국에서 눈을 감는 순간, 외손녀 딸의 꿈속에 나타나서 외손녀 사위인 내 손을 잡아 이끌며,

"자넨 물에 들어갔다 나온 띠하고 살아야 잘 살 수 있네. 명심하게" 하셨다면서, 당시 아내는 새벽 4시경에 난데없이 일어나 앉아서 "이상한 꿈이에요"를 연발했다. 그런데 아니나 다를까. 잠시 후 처 외할아버지를 모시고 이민 간 지 5년쯤 되는 처외삼촌한테서 국제전화가 왔다.

"얘들아, 할아버지께서 조금 전에 돌아가시면서 너희들 이름을 입속으로 중얼거리듯 하셨다."

온몸이 오싹 죄어드는 순간이었다. 나중에 한참 생각한 후에야 알았지만, 아내의 십이지는 용띠였던 것이다. 부부란 어차피 이성지합(異性之合)이요, 이성지우(異星之遇)[주1]가 아니겠는가. 사랑하다가 때로는 싸우다가도 우리는, 할아버지께서 꿈속에서도 굳게 맺어 준 숙명의 존재인 줄 알고 만남을 무릅쓰기로 다짐하곤 한다.

누르는 힘만큼 일어서고

'고백록 1'은 생활과 예술과 인생의 삼각파도를 맞으며, 배의 이음새들이 질러내는 비명이거나 신음소리쯤에 해당하는 작품일 것이다. 자격지심인 점도 없진 않겠지만, 안팎에서 쏟아지는 경계와 의혹의 눈초리 속에서 참으로 견디기 어려운 고비가 많았기에, 마침내는 '나도 어쩔 수 없다' '그냥 물러설 수만은 없지 않느냐'는 배수의 진을 친 셈이었다.

만일 아내에게서 "나와 예술 중 하나만 택하라"는 선고가 내려졌다면, 나는 이 시 한 편을 대답 대신 읽어 주었을 것이다. 그러나 다행이도 그런 일은 일어나지 않았다.

연그림 행사를 준비할 때면 아내와 아이들은 밤을 꼬박 새우며 연 살을 붙이고 테이핑 작업을 도왔다. 무거운 짐을 차 위에 싣고, 유랑극단처럼 지방으로 옮겨 다니며 행사를 돕지 않았더라면……, 도자기를 만들어 시를 넣는다며 끙끙거리고 안절부절 헤맬 때 가까이서 챙겨 주고 살펴 주지 않았더라면, 윤 도깨비는 그저 속울음을 우는 못난 허깨비가 될 수밖에 무슨 수가 있었겠는가.

결국 나는 이렇게 고백할 수밖에 없게 되었다.

'나는 결코 고백할 수 없소 / 누르는 힘만큼 일어서고 / 생활의 무게만큼 살아 있을 뿐'

주1) 이성지우(異星之遇) : '다른 별에서 온 사람들의 만남'이란 뜻의 자의적 조어. 세간에 회자되었던 소설 '화성 남자, 목성 여자'의 이미지를 가져온 것임.

고백록 2

– 아내에게 –

생(生) 도깨비 곁에서
남루한 그림자로
반생을 살아 온 당신에게는
참으로 염치가 없구려.
생활의 수레바퀴는
언제나 삐걱거렸지만
세상이 설마 그럴 줄 몰랐다고

탓하진 맙시다.

누구에게나 세상은
손짓하며 미소 짓다가
생트집을 잡다가
칭얼대며 울다가도
그 언제 그랬냐는 듯
시침 떼는 바람이거나

한 줄기 강물 아니겠소.

추억으로 가는 길 / 60×130cm / 화선지에 수묵담채

즉결 심판 3박 4일

손이 귀한 집안에 첫 아들을 그것도 용띠 해 정월 초하루에 낳았으니 흥분이 안 될 수가 없었다. 서른 살 국어교사는 민속 문화에 관심이 깊어 한복 바지저고리를 잘 차려 입고, 마누라와 첫 아들이 누워 있는 병원으로 문병을 갔다가 절친한 친구와 곧장 축하주를 퍼 마셨다. 결국은 그 좋은 술이 화(禍)의 뿌리로 돌변하여 시비가 벌어지고 싸움 끝에 당시 뚝섬에 있었던 즉결 심판소에서 3박 4일의 구류 처분을 받았다. 옷고름, 허리띠, 대님까지 모두 회수당한 채 온갖 잡범들과 함께 우두커니 책상다리를 하고 견디자니 참으로 그 난감함이란 형언하기 어려웠다.

어떻게 시간을 보낼까 궁리하다가, 나의 기억력이 닿을 수 있는 깊고 깊은 우물 밑에까지 내려가서 낱낱이 기억의 파편들을 주워 모았다. 그리고 짜깁기를 해서 건져 올렸다. 어린 시절의 희미한 기억들, 소년시절 청년시절의 청순하고도 달콤했던 기억들. 특히나 달콤했던 기억들은 조각조각을 씹고 또 씹으며 시간을 축내었다. 물론 갖가지 잘못들에 대한 뼛속 깊은 반성이 없었던 것은 아니었다. 사실 그래야만 스스로에게도 용서의 실마리가 잡힐 것이고, 3박 4일의 나라 밥을 축낸 죄과도 씻을 게 아니겠는가? 감옥이라는 특수 공간 속에서 숱한 명작이 나온 이유를 조금은 알 것만도 같았다.

핸드폰은 물론 없었고 전화기도 귀했던 시절이라 연락할 방법도 없고, 장모님과 친구 하 선생은 사흘 수소문 끝에 도봉경찰서 유치장으로 날 찾아왔다. 독립투사도 못되는 주제에 허리띠도 없는 한복을 계면쩍게 추스르며, 백년지객 사위의 체면은 회복불능의 늪으로 빠져 들었다.

심야의 아파트 대소동

이 사건 이후 마음을 단단히 도사리고 살던 어느 날, 또 술이 꼴깍 넘은 채 시인 이제하 형의 신촌 아파트를 찾아간다고 간 것이, 한강다리를 건너 강서구 어디쯤 가서는 자정 가까워 오는 시각에 이 집 저 집 아파트 초인종을 눌러댔으니, 당연히 대소동이 벌어졌다. 주민들에게 몰매를 맞고 택시에 실려 버려진 곳은 김포공항 철조망 근처였다. 얼마 후 썰렁한 한기와 함께 나를 깨운 것은 M16 총구였다. 거칠게 총을 겨누었던 공수부대 장병은 나의 사정 이야기를 듣고 나더니 뜻밖에도 자비로워졌다. 딱한 형편임을 알아차린 그는 지나가는 군 트럭에 나를 태워 화동 집까지 실어다 주게 했다. 코뼈가 퉁그러지고 얼굴이 어찌나 부었던지 두 눈이 가려져 앞이 보이지도 않았다. 이튿날 마스크를 하고 기어이 복수를 하겠다며 강서구 쪽 아파트를 모조리 뒤졌지만, 엊저녁 소란 사건을 안다는 사람은 아무 데도 없었다.

혼인 초반부터 이렇게 사고만 치고 다닌 데다가, 좀 가라앉는다 싶으면 돈도 안 되는 시서화 선비 흉내에, 도자기, 연 날리기에까지 밑도 끝도 없이 몰두하고 앉아 있었으니, 이제 와서 무슨 고백할 일이 따로 있겠나. 지금도 가끔씩 그때 내려앉은 콧잔등을 만지면서 혀를 끌끌 차는 아내에게, 염치도 좋게 말일세.

고백록 3

– 바람에게 –

이제는 말할 때가 되었소.
울먹이지 않고는 말할 수 없는
외마디로 질러내고 싶은
그 무엇이 분명 있단 말이요.
눈물에 뒤범벅이 되어
제 자리에 다시 돌아와도
당신이 꿈에서도 그리는 한 마디는
해 줄 낯짝이 없소.
빛깔 다른 내 가슴 질긴 가락을
담아낼 그릇이 세상에는 없소.
이 한 마디 믿어 줄 사람도
세상에는 없소.
사랑한다고 내가 말해도
당신은 믿지 마시오.
미워한다고 내가 말해도
당신은 믿지 마시오.
소리는 금세 흩어져
한 줄기 바람이 될 것이므로
혓바닥은 금세 시들어
한 줌 재가 될 것이므로.

새벽계단길 / 150×180cm / 화선지에 수묵담채

신촌 까치다방에서 내 별명은 '밤참'으로 통했다

마산의 경남방송 PD를 잠깐 하는 동안에, 직속상관이었던 편성부장은 시인 추창영씨였는데, 당시 그 분이 주도했던 '마산동인수필' 편집일을 꽤 오래 도왔다. 교직으로 옮겨 서울로 전근가면서부터는, 신촌에다 '까치다방'을 차려놓고 소일거리 겸 문인들의 아지트를 만들어 놓고 있는, 시 쓰고, 그림 그리고, 소설 쓰는 이제하 형을 추 누님으로부터 소개받아 자주 그 아지트를 방문하게 되었다.

동인수필 원고 독촉도 하고 발간된 책 심부름도 하면서…… 그런데 그 까치다방은 골든아워인 주말 저녁마다 '내부 수리 중'이란 날림 글씨 안내장을 써 붙이고 문을 닫아걸곤 했다. 당시 잘 나가던 방송극작가 정하연, 소설가 한용환, 황석영, 시인 이근배, 이석, 여원사 기자였다가 제하 형의 새 아내가 된 G 등 단골 멤버가 모여들어 섰다판을 벌여 놓고는 문을 닫아거는 거였다.

밖에서는 문짝을 노크하다가 지쳐서 고함치는 사람, 부서져라 하고 문을 발길로 차는 사람이 한 둘이 아니었다. 토요일 저녁, 일요일 오전 연인들끼리 서로 만나서 하고 싶은 이야기들, 하고 싶은 일들이 모두 수포로 돌아가고 뒤죽박죽이 된다면 이보다 큰 죄가 어디 있겠는가. 그러나 모두들 키득거리며 잘도 버텨내었다. 왕프로들 틈에 끼어든 나의 본전은 새벽 2시를 넘긴 적이 별로 없었다. 그래서 내 별명은 '밤참'으로 통했다. 이 바람에 하숙비를 제 때에 내지 못하는 달이 가끔 생겨났는데, 장가를 들면서 나는 독하게 마음먹고 신촌행 발길을 뚝 끊어버렸다.

정릉 시절에 만난 정인(情人)들

교직 세 번째 학교는 정릉에 있는 고려고등학교다. 혼인 후 첫 아이 낳고, 집도 한 채 장만하고, 시 작업도 잘 되는데다가 학생들도 나를 형님처럼 잘 따라 주었다. 이때 인연을 맺은 규희, 진용, 문선, 영명, 규형이 등 40대 중반이 된 여러 동생들이 지금까지도 잊지 않고 늙은 형님을 자주 찾아 주고, 각각 자기 분야의 중추 역할을 멋지게 해내고 있으니 대장부 살림살이가 이만하면 족하지 않겠는가?

특히 이 시절은 내 문학 행로에도 결정적인 시기가 되었다. '고려무(高麗舞)'의 소설가 유금호 형, 형수 되는 '전원일기'의 김정수 작가, 시인이자 소설가인 윤강원 형을 이 때 같은 학교 선배 직원으로 알게 되고 함께 생활하게 된 것은 내게 큰 행운이었다. 그 때 30대 초반의 형수는 '신혼일기'라는 깨 쏟아지는 일일연속극으로 한창 주가가 오르고 있던 차라 금호 형은 꽤 자주 신혼집(?)에다 우리 몇몇을 불러서 한턱씩 쏘아댔다.

모두들 술도 엄청 세어서, 학교 앞에서부터 길음동 사거리까지 술집이란 술집은 모조리 훑어가며 한 잔씩 먹으며 내려오는 기행(奇行)도 서슴지 않았다. 참으로 주당(酒黨)들의 행복이 주절이 주절이 열린 시절이었다.

그런데 어쩐 일인가. 나를 문단에 등단하도록 힘을 실어 주었고 가장 믿었던 강원 형이 오십도 못 넘기고 타계하고 말았다. 그 후로 나는 예나 이제나 이것저것 잡탕놀음에 정신이 팔려, 금호형 내외와도 꽤 오래도록 격조(隔阻)한 사이가 되었으니, 이번 두 번째 시집을 들고 가서 꾸지람을 달게 받는 수밖에 없게 되었다.

고백록 4

- 사랑하는 사람들에게-

거룩하게 빛나는 몸뚱어리 위에
사랑이란 이름으로 못 박힌 그대여.
나를 데려갈 곳은 어디인가?

감미로운 눈동자와 살갗들을 데불고
그대 부드러운 가슴이여.
나를 끌어안고 가는 곳은 어디인가?

깊고 찬란한 강물 속에
목숨의 심지를 묻어놓고
목질(木質)의 사앗대는 흔들리는데,

푸른 파도 넘치는 오늘밤도
그대 사랑이 속여 넘기는 것은
멀고 먼 바다를 꿈꾸며
돛대 끝에 펄럭이는 나의 영혼인가?

첫날밤을 망치다

혼례식을 마치고 난 우리는 한강이 바라다 보이는 아담한 호텔에서 하루를 묵고 신혼여행을 가기로 했다. 그런데 그 호텔 건넌방에 마산에서 올라온 두 악동이 자리 잡은 줄을 나중에야 알았다. 시인 B와 수필가 J는 10분 간격으로 밤새도록 전화를 해 댔다. 첫날밤을 망친 채 거의 뜬눈으로 밤을 새운 우리는 두 악동을 근근이 떼어 놓고 설악산으로 향했다.

서울은 초봄인데 거긴 아직 늦겨울이었다. 잔설을 밟으며 울산바위를 오르다가 눈 덮인 장독 뚜껑을 열고 아낙이 떠주던 도토리 막걸리 한 사발은, 세상에 다시없는 천상 청량주(天上淸凉酒)가 아니었을까. 신부가 오히려 신랑보다 그 도토리주 맛을 더 오래도록 못 잊어했다.

이렇게 멋진 신혼 장면들을 잘 찍어 간직하려고 당시 KBS PD였던 K형이 뜯지도 않은 외제 최고급 카메라 아사이 팬탁스를 곱게만 쓰고 오라고 신신 부탁을 하면서 선뜻 빌려 주었다. 너무 고맙기도 하고, 이게 웬 떡이냐 하며 신바람이 났다. 분수에 한참이나 넘치는 줄도 까마득하게 모르는 채, 한껏 폼이 나는 신혼여행이었다.

그런데 좋은 일에는 반드시 마가 끼게 마련인가 보다, 여행에서 돌아오던 날 처가엘 다녀오다가 그 전세방 한 칸 값이 넘게 나가는 카메라를 택시가 그만 싣고 가버렸다. 총 재산이었던 전세방값을 날인 채 신부 신랑은 그날 새하얗게 질린 얼굴로 식구들과 사진을 찍고 사글셋방에 들면서, 빚부터 갚아야 하는 힘겨운 신혼살림이 시작되었다. 그래도 맞벌이부부라서 그 절체절명의 위기를 생각보다 쉽게 벗어날 수 있었다. 그대, 신부여. 시작은 비록 흔들렸으나 결실은 굳건하리니…….

고백록 5

- 부부들에게-

타오르는 가슴 녹이며 당신들이
살과 피를 나누는 동안
세상은 잠시 하나 됨을 허락한다.

나는 너에게로 가서
너는 나에게로 와서
꽃의 나라 아리따운 눈빛으로
곤충 나라 화려한 몸짓으로
날개 저어 유혹한다.

암 · 수의 나라는 위도가 다르다.
주파수가 다른 종(種)끼리
부딪쳐서 녹아내려야만 비로소
씨앗 하나 움트는 여기는
조물주의 놀이판이다.
한울님의 손바닥이다.

우리는 왜 하필이면
남극의 꽃, 북극의 나비인가
때 없이 옐로카드 레드카드를
번쩍번쩍 치켜 올리면서
한 백년을 밀고 당기는가

어리석은 자여 묻지 말하라
조물주의 놀이판 속에서는
살과 피를 나누는 동안에만
하나 됨을 허락 받았나니
한울님의 손바닥 안에서는
더듬이가 없는 꽃과 나비만이
진정 하나 됨을 허락 받았나니.

혜성처럼 나타난 윤도사

신촌 까치다방에서 배운 화투 솜씨는 한참을 잠적했다가, K고 경주 수학여행 때 드디어 다시 빛을 보았다. 학생들을 모두 재우고 불침번을 세워 감시 감독을 철저히 하게 한 다음, 제법 단골로 소문난 몇몇 꾼들이 판을 벌였다. 나는 단연 초년병 신세. 판명은 '짓고땡'인데 신촌서 제법 익힌 터이고, 가져 온 용돈만 손 털고 나오면 된다 싶으니, 마음이 잔뜩 편해지는 것이었다.

그래서 그런지 자정 쯤 되니 자본이 엄청 불어나 있었다. 서로 아등바등 아귀다툼을 하는 꼴에 자못 웃음이 나와서 슬그머니 엉뚱한 욕심이 생겨났다. '이 돈을 깡그리 다 따 버린 다음, 마지막 순간에 한 푼도 남기지 않고 사그리 나눠 주면, 이 험악한 표정들이 어떻게 변할까?' 자정을 지나 새벽이 올 때까지 계속되었는데, 웬일일까? 자는 사람 깨워서 빌려 넣은 돈까지 몽땅 다 따 버린 것이었다. 내가 깔고 앉았던 방석은 딴 돈을 밀어 넣는 바람에 적어도 한 뼘 정도는 위로 솟아올라서, 앉아 있기가 불편할 정도가 되었다.

빈털터리가 된 채, 노름판이 끝나고 날이 밝아 올 때의 그 허탈과 후회와 불쾌함이 뒤섞인 표정들을 앞에 놓고, '어젯밤은 모두 무효다.' 하고 선언하며 그 추한 돈 무더기를 내던지는 쾌감을 나는 만끽했다. 불침번들에게 특히 많은 '노고 배당금'을 주는 치밀함도 잊지 않았기 때문에, 이 날의 프로그램은 매우 그럴 듯해 보였을 것이다.

그날 이후 꾼들 사이에서는 나를 '윤도사'라고 부르게 되었는데, 쑥스럽기도 했지만 공연히 어깨가 으쓱해지는 감도 없지 않았다. 한 달 쯤이 지난 어느 토요일, 잔무 정리를 하고 있는 내게 K선생이 다가와서 "오늘이 Y선생 생일인데 가지 않겠느냐?"고 물었다. 일 좀 더하고 가겠다고 하며 그를 먼저 보내고는, 두세 시간 후 케이크를 하나 사 들고, 내가 존경하는 시인이자 영어교사인 Y선생 집에 다다랐다.

그런데 이게 웬 일인가. 생일 초대는 새빨간 거짓말이고, 지난 가을 여행지에서 모여 앉았던 그 팀들이 그대로 다시 모여 벌써 한 판을 단단히 벌이고 있었다. "윤도사. 어서와. 안 오는 줄 알았잖아?" 아뿔싸 속았구나. 필시 '윤도사 함락'의 기치 아래 계획된 판이 틀림없었다. 그제서야 생각이 난 일이지만, 양복 안주머니 속엔 월급봉투와 상여금 봉투 두 개가 나란히 들어 있었다. 결코 끼어들지 않겠다고 굳게 마음먹었지만, 어느 새 '도사'의 체면도 생각해야 하는 기묘한 처지가 되어 버렸다.

가슴속 언덕위에 키우는 나무한 그루
고방 윤창혁

위기일발의 순간에, 만삭의 마누라 얼굴이 오락가락

이튿날 아침이 되자 월급봉투 하나가 바닥나 버렸다. 오후까지 버텼지만, 전화도 없어 연락도 못해 답답한 처지에, 만삭의 마누라 얼굴이 오락가락하는 통에 수성(守城)은 불가능했다. 두 봉투를 몽땅 거덜내고 나서 Y선생 사모님한테 돈을 꾸러 간 사이에, 꾼들은 벌써 자리를 털고 일어나 문을 나서는 것이었다. 눈앞이 캄캄하고 어디선가 가슴으로 쓰디쓴 냉동 기운이 쏟아져 내렸다. 허겁지겁 달려내려 갔다. 나를 속여서 이 지경을 만든 K가, 판돈을 다 후리고도 윤도사에게 후련하게 설욕을 했다는 느긋한 걸음으로 다리 위를 지나고 있었다. 다짜고짜로 멱살을 움켜쥐었다.

"당신, 날 속였어. 마누라가 애를 내일 낳을지 모레 낳을지 모르는데, 나 말이지 이대로는 절대 못 들어가. 당신 이럴 수 있어? 나는 돈 다 따고도 몽땅 돌려 준 사람이야. 봉투 하나는 채워 놔." 행인들의 시선도 직장 선배의 체면도 전혀 문제가 되질 않았다. 눈을 부릅뜨고 살기등등하게 멱살을 잡아 흔든 보람이 있었던지, 보너스 봉투 하나가 다시 채워졌다. 참담한 심정에 소주 몇 잔을 기울이고는 태산 같은 걱정을 안고 수유동 집으로 기어들었다. 아내는 지극한 근심과 분노의 두 얼굴로 나를 맞았다. 마루에 걸터앉자마자 한두 마디 사과와 함께 푸념부터 늘어놓았다.

"여보. 미안해. 연락도 못 하고. 정말 이거, 세상 살 맛 안 나네. 어제 오후 퇴근을 하고 내려오는데 골목에서 학생들끼리 패싸움을 하지 뭔가. 야단을 치고 싸움을 말렸더니, 한 녀석이 막무가내로 대들지 않겠어? 성질에 한 방 쥐어박았는데, 글쎄 이빨이 두 개나 나갔어요. 좋은 일 하자고 한 것이 그만……. 치과에 가서 치료해 주고 학부모 달래느라고……. 여보, 미안해." 아내의 얼굴이 연민으로 가득 차는 순간을 놓치지 않고, 상여금 봉투 하나만을 그녀의 야윈 손에 쥐어 주었다. 그 후 꾼들과의 인연을 끊은 것은 당연한 일이었다.

내가 이실직고를 하기까지 10여 년 간을 착한 아내는 고맙게 잘도 속아 주었다. 그러나 과연 그때 그 거짓 연극이 우리 가정을 위기로부터 구해 준 유일한 방법이었는지, 아직도 도무지 분간이 되지 않는다.

은별과 황금꽃

– 심산(心汕) 노수현(盧壽鉉) 화백 –

당신의 문을 두드린 건 언감생심 제 뜻이 아니었습니다.
감히 함자를 받들기조차 황송하였기에,
좀 더 솔직히 말하면 그 향기가 얼마나 높은 것인지
당신의 그림자까지도 얼마나 지존(至尊)한 것인지
도무지 감을 잡지 못하는 청맹(靑盲)과니였습니다.
자그마한 체구, 잔 주름진 얼굴 위로
끊임없이 오르던 담배연기가 당신의 산정(山頂)을
신비스럽게 감싸고 있기 때문이었지요.

손끝에서 흘러나오는 산 · 바위 · 나무들이
어느 새 숨쉬기 시작하더니
하나 둘씩 새가 되어 나비가 되어
공중 어딘가로 날아가 버렸습니다.
아마도 높은 곳으로 날아가서는 은별이 되고
땅 위에서는 세상의 황금꽃이 될 것이라 했습니다.

한 평생 바람처럼 표표(飄飄)히 살아오시면서
그 많은 별과 꽃들을 모두 훌훌 떠나보내고
홀가분히 짐 벗으신 당신께선 가난을 벗하며
오직 묵연(墨緣)[주1]에 이끌려 사셨습니다.

한 마디 말씀 없이 피워 올리시던 담배 연기 속으로
서릿발 같은 가르침이 때 없이 번뜩였습니다.
연무 가득한 산정에는 지금도 큰 별 하나 반짝입니다.

주1) 묵연(墨緣) : 1960년부터 1980년대까지 일중(一中) 김충현(金忠顯)선생이 인사동에 열었던 서예 연구실 '일중묵연(一中墨緣)'을 떠 올리려고 쓴 표현이다.

신비의 산정을 감돌던 담배 연기

1971년 상경하여 수송중고 국어교사로 근무하면서 서예를 배우기 시작했는데, 몇 년이 되도록 법첩 글씨를 얼음에 박 밀듯이 베껴 쓰는 일이 무척이나 진력이 나고 어렵게 느껴졌다. 글씨에 비해 변화를 수용하는 그림 쪽이 훨씬 구미를 당겼지만 마땅히 길을 못 찾았던 것인데, 인사동 표구점을 통해 심산 노수현 화백이 일중 김충현 선생의 연구실에서 일주일에 두 번씩 후학 지도를 하신다는 거였다.

한국 근대 한국화 6대가 – 청전 이상범, 소정 변관식, 심산 노수현, 이당 김은호, 심향 박승무, 의재 허백련 – 의 한 사람으로 추앙받던 노화가에게 그림을 배울 수 있다는 건 드물게 행운을 잡은 경우였다. 당시 6대가의 그림 값은 50~60년대에 비해 꽤 많이 높아져서 경제적으로 크게 문제가 없을 시점인데도, 심산의 경우는 작은 마나님과 아현동 자그마한 집에 거처하시면서, 꽤 어려움을 겪고 있던 터라, 이를 알게 된 일중이 자신의 인사동 서예 연구실 '일중묵연(一中墨緣)'의 일부 공간을 기꺼이 제공했던 것이다.

심산은 가끔씩 해수 기운 있는 잔기침 사이로 미소를 지어 의사표시를 할 뿐 거의 말씀이 없었다. 샛노랗게 물든 왼손 검지손가락으로 재를 털면서 문득문득 허공을 응시하며, 머릿속에 떠오른 영욕의 과거를 회상하시듯 소재의 영상을 잡아내곤 하셨다. 그림 배우기에 몹시도 굶주렸던 나는 꿈같은 행복감을 맛보며 그림공부에 매달렸는데, 실상은 교편생활 초년병의 시집살이에 짓눌려 사느라 심산의 마음을 흡족히 할 만큼 그림 공부를 열심히 하지 못한 것이 지금도 아쉬울 뿐이다. 그런데 마지막으로 그 분이 기념 삼아 그려 주신 체본에는, 잘 생긴 용 한 마리가 여의주를 물고 도자기 화분을 감싸 안은 채 대나무를 떠받치고 있다. 혹시나 내게 크나큰 격려를 해 주시려 했던 것이었을까 궁금할 따름이다.

약 3년 후 어느 화랑주(畵廊主)의 권유로 제주도로 내려가셔서 마지막 불꽃을 태우게 되는데, 이때의 마지막 작업이 무리가 되었던지 얼마 후 큰 스승의 안타까운 부음이 들려왔다.

아스라한 절벽 앞에서

-일중(一中) 김충현(金忠顯) 선생-

세상 파도와 힘겨운 싸움을 벌이던 저에게
당신께서는 너무 먼 거리에 계셨습니다.
내밀어 주시는 손길을 감히 잡지도 못했습니다.
한결같이 한가운데를 가리키는 당신의 눈빛은
차디찬 냇물처럼 얼음처럼 빛났습니다.
단지 꿈에서만 애타게 찾아 헤매었던
글씨의 혼백은 번번이 저를 절벽 앞에 세웠고,
제가 펼쳐 놓은 목마른 화선지 위에
선학(仙鶴)인 양 비마(飛馬)인 양
당신의 손길은 가벼이 날다가도
용암수(溶岩水)처럼 꿈틀거렸습니다.
어느 새 세상을 하직하신 선생님.
저는 당신의 달가운 채찍을 맞으며
단 한 번도 후련히 벌판을 달리지 못했습니다.
글씨의 아스라한 절벽 앞에 떨면서
구름 위에 오르신 당신의 옷자락을 어루만질 뿐입니다.

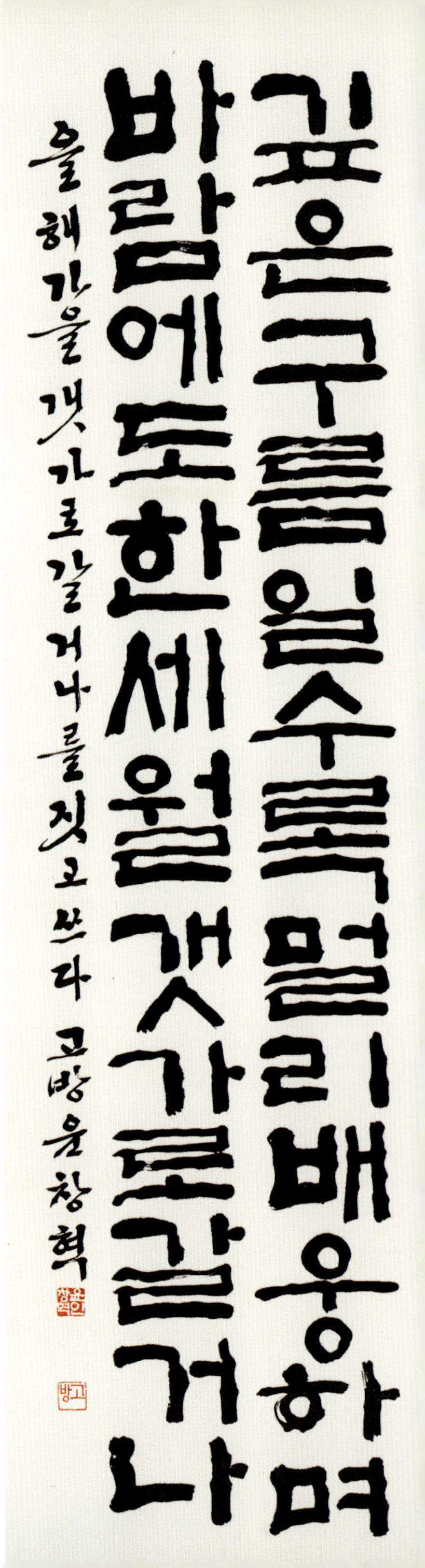

떠오는 물결마다 정겨운 얼굴
마음놓고 울어도 가슴넓은 바다여

오직 한가운데(一中)만 가리키시던 눈빛

심산이 제주도로 내려간 후, 우리들은 뿔뿔이 흩어질 수밖에 없었는데, 나를 포함해 몇몇은 일중의 글씨 제자로 들어갔다. 칸막이 너머 선생님 사무실로는 한국 서화계의 거목들이 자주 드나들었다. 일중의 카랑카랑 하면서도 약간 쉰 듯한 목소리가 간간이 새어 나오는가 하면, 호쾌한 웃음소리도 자주 흘러나와 묵향에 젖어서 글씨에 몰두하던 문하생들을 미소 짓게 할 때도 자주 있었다.

일 년에 한 번씩인가 연수생들에게 육서체 별로 글씨 과제를 내어 품계를 따게끔 했는데, 일중 선생의 평가 기준은 엄격하기로 정평이 나 있어서 모두들 오금을 못 펴는 형국이었다. 그런 중에도 1품을 따서 품계를 졸업하는 선배들이 더러 있어서 부러움을 한 몸에 받았고, 그 후 신계, 초정, 한별, 소헌, 춘애 등은 열상서단(列上書壇)을 형성하며, 서예계의 중추 역할을 담당하고 있다.

1976년 겨울인가, 아내가 첫 아이를 낳기 위해 입원 준비를 하느라 처가에 간 사이, 수유동 빈 집으로 글씨 선배들을 끌어들였다. 나중에 칠보사 주지가 되신 송담 스님, 서예가 한별 선생, 서화 선배 소정과 함께 넷이서 밤을 꼬박 새웠다. 글씨를 주제로 한 고담준론에 한참을 빠졌다가 나중에는 먹물을 갈아 화선지를 펴 놓고 서법 쟁론에 열을 올렸는데, 새벽 두 시 경, 집안의 꽁초란 꽁초는 다 뒤져서 필터까지 태워가며 바닥을 비웠으니, 나는 할 수 없이 새벽 4시 통금해제 사이렌 소리를 들으며 밖으로 나가, 행인에게 사정하여 담배 몇 개비를 구걸해 오기도 하였다.

선생은 평생을 호방하게 즐기신 약주 탓인지, 오래도록 병석에 누워 힘든 고비를 여러 번 넘기시더니, 수많은 걸작을 모두 세상에 남겨 두신 채로 훌훌 주선(酒仙) 곁으로 떠나셨다.

부둣가 어물장수 아저씨

-시인 박재삼(朴在森) 선생-

삼천도 부둣가 어물장수 아저씨
웃음으로 맞아 주시던 거기가
종로 2가던가 3가던가.
빼곡하게 바둑책들이 눈을 말똥거리고
그 아래 책상 하나에 의자 하나.
텁텁하고 몽롱한 담배 연기가 눈에 익으면
얼굴 윤곽이 하나 둘씩 잡혀 나온다.
가느다란 장미 담배를 꼬나물고
턱을 괴고 앉은 조국수, 된장 바둑 서국수,
김국수는 보였던가 안 보였던가.
내기 바둑 한 판에 걸린
장안 바둑의 운명 앞에
숨이 턱턱 막히던 현현각(玄玄閣)[주1)]
거기가 바로 그렇게도 맑은 당신의
샘물 길어 올리던 우물터였던가요.
시의 샘물, 목숨의 샘물. 생활의 샘물.
그 좁다란 신선들의 싸움판이
당신의 은신처였다니
세상도 야속키도 야속타.
아니면, 기묘하게도 이 세상으로 귀양살이 온
신선 혈통끼리 잘도 만나서
먼지구덕이 종로통 한 구석을
뉘도 모르게 환히 밝히는구나 생각했지요.
종로통 지나서
삼천포 부둣가로 달려가면
지금도 당신은 거기 서서
어물장수 아저씨 웃음으로
저를 맞아 주시겠지요?

주1) 현현각(玄玄閣) : 종로 3가에 있었던 바둑책 간행 전문 출판사

서성이는 구름 그림자에 눈물져 올 줄이야

박재삼 선생의 표정은 언제 보아도 구수하고 편안했다. 어느 행사 때 본 모습이나 개인적인 용무로 만났을 때나 한결같이 경남 삼천포 바닷가 소년 아니면 순박한 어물장수 아저씨 얼굴이었다.

'한국문학' 주간 이근배 선생의 부탁을 받고 찾아갔을 때 그분은 복작거리고 소란스러운 종로 삼가 어느 골목 안에 자리 잡은 현현각(玄玄閣)을 맡아 경영하고 있었다. 그 분은 바둑 고수로, 이론가로도 대접받으며 주요 일간지에 바둑 관전평을 쓰는 한편으로 바둑 관련 서적 편찬을 생업으로 삼고 있는 듯이 보였다. 한국 시사에 길이 남을 만큼 훌륭한 시인으로 평가받을 분이, 시 쓰는 일로는 결코 밥을 먹을 수 없다는 사실이, 「당연한 진실」처럼 받아들여지는 현실이 코앞에 닿았다.

담배 연기 자옥한 현현각 옆 칸에선 당대의 바둑 고수란 고수는 다 모여, 내기 바둑에 골몰하는 모습이 갈 적마다 목격되었다. 모락모락 피어오르는 연푸른 연기와 따닥 하고 바둑알 내려놓는 소리 외엔 침묵이었다.

'어지간히 구성진 노래 끝에도 눈물 나지 않던 것이 문득 머언 벌판을 서성이는 구름 그림자에 눈물져 올 줄이야'(박재삼의 '춘향이 마음' 일절)

이렇게 순박하고도 맑은 서정시의 주인공이, 고혈압으로 쓰러졌다가 근근이 일어난 후, 불편한 몸을 이끌고 하루 종일 먹거리 낚시를 하는 곳이 바로 종로 3가 치열한 삶의 현장이었구나 하고 생각하니, 자꾸만 그분의 고향 바다가 떠올랐다. 이 시인을 남쪽 바다가 한 눈에 보이는 삼천포 부둣가 언덕 어느 오두막집에 몇 년 만이라도 살게 할 수는 없었을까.

산 대접(山待接)

-시인 이원섭(李元燮) 선생-

도봉산 삼각산이 한 눈에 감싸 안은 마을에 다다랐다. “다음에는 내가 산 대접을 하지. 옛날 젊을 때 금강산을 오르던 그 발걸음으로 도봉산 삼각산을 오르면 그것으로 그저 그만인 게야. 남쪽에서 그 산 닮은 산은 거기밖에 없거든. 바위들이 유난히 환하게 빛나는 산 말일세.” 오늘은, 갈 수 없는 금강산을 저만큼 하늘 맡에 걸어 두고 말없는 바위산을 말없이 오르신다.

하산하는 길엔 산성 동문을 내려와서 아직은 노을 볕이 조금 묻어 있는 너럭바위에 걸터앉았다. 그 분의 시선이 도봉산 만장봉 건너 하늘 끝에 붙잡힌다. 저녁노을이 조을기 시작한 호박빛 하늘이다. 한참 더 말씀이 없다. 산을 내려와서 분단 지도를 펴 놓고 아까 그 시선이 오래도록 붙잡혔던 곳을 짚어 보니, 그곳은 금강산 너머 옛 마을 쪽, 분명히 당신의 고향마을 이 자리 잡은 하늘이었다.

정신머리 없게 사느라 오랫동안 뵙지 못한 선생님 모시고, 이제사 조금씩 열리는 하늘 건너 금강산을 한 상 넉넉히 차려 산 대접을 해 드려야겠는데, 요즘은 시도 접고 산마저 접으셨다는 소슬한 소식이 가을바람 타고 들려온다.

내 고향을 묻지 마라

삼각산 아래 산동네 중턱에 살면서 산의 감화를 많이 받았다. 건넌방 냉골 바닥에 쭈그리고 앉아 몇 날 몇 밤을 하얗게 밝혀 가며 공그르고 꿰매고 박음질하던 십여 편의 시들을 들고 이원섭 선생을 찾아갔다. '빛나는 이마가 인수봉을 닮았구나.'라고 생각하며 혼자 미소 지었다. '아마도 장차는 도봉산 산신령이 되실 분이구나.' 나의 첫인상은 갈수록 더욱 고개를 끄덕이게 했다. 당시(唐詩), 선시(禪詩) 들을 꿰뚫어 보시는 혜안이며, 노자 장자 등 제자백가의 드높은 가르침을 후학들에게 풀어 헤쳐서 쪼아 먹게 만드시는, 두엄더미 앞의 인자무비한 어미닭이 아니실까?

감히 말씀드리자면, 그 분은 삼각산, 도봉산, 금강산의 빛나는 한 바위처럼 세상을 사신다. 속세를 향해 말없이 내려다보는 형형한 눈빛은 때로 안타까움으로 탄식으로 그늘지지만 결코 미워하거나 분노함이 없다. 세속과 한 티끌도 타협 없이 사는 일이 틀림없이 불가능한 일인텐데도, 그 절대 불가능의 불가사의 속에 가부좌를 틀고 꼿꼿이 앉아 계신다. 나는 두 번째 시집 원고 뭉치를 들고 선생님 앞에 설 자신이 없어 앞이 캄캄할 지경이다.

1953년에 발간한 그분의 시집 「향미사(響尾蛇)」 속에 수록된 '내 고향'은, 약 40년 째 시작(詩作)을 중단하고 은둔하고 계신 그의 삶을 관통하는 비애의 일단을 상징적으로 보여 주는 한 편의 시가 아닐까 한다.

· · · (전략) · · ·
쫓기어났단다. 알겠느냐?

어느 슬픈 아침이 있었단다.
꿈처럼 아득한 어느 날이었단다.

내 고향을 묻지 마라.
그에 대한 추억마저 금지되어
꽃동산을 더럽힌 멧돼지 마냥 참말이지
나는 쫓겨났단다.

산처럼 물처럼

-동양화가 홍석창(洪石蒼) 화백-

눈빛이 온화하신 당신은
푸르고 푸른 산입니다.
봉우리마다 운무(雲霧) 휘감아 그윽한 곳
계곡마다 온갖 중생이 자랍니다.
산신령의 온갖 식구들이 모여 삽니다.
먹 향기 그윽한 능선(陵線)쪽에선
울긋불긋 광시(狂詩)의 선율[주1]에 맞춰
꽃들의 무도회도 한창입니다.

목소리 나지막하신 당신은
깊고도 깊은 물입니다.
석간수(石澗水) 한줄기가 내를 이루고
이제 대지를 감싸는 강물이듯
돛대 나부끼는 항구에 닿으신 당신께서는
먼 바다가 한 눈에 보이는
회랑(回廊) 한 가운데 서 계십니다.

당신의 부드러운 손길에 이끌려
해조음(海潮音) 가득한 백사장에 다다르면
마침내 열리는 수평선.
자유의 바다를 꿈꾸며
우리들은 작은 손바닥을 펴 보지만
담아도 담아도 담을 수 없는
푸른 산 깊은 물그림자만이
어른어른 비칠 뿐입니다.

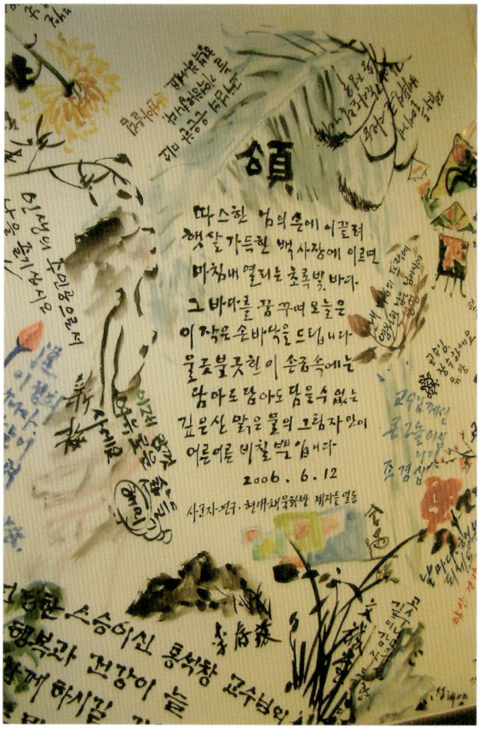

주1) 광시(狂詩)의 선율 : 홍 화백은 2000년대 들어와서 '광시곡' 이란 제목의 원색적이고도 역동적인 비구상 연작을 꽤 많이 그렸다.

잃어 버린 시편들

도봉구 수유동 시장 바로 앞집에는 늦게 혼인하여 신방을 차린, 일중묵연 선배 서예가인 일파(一波) – 후에 현암(玄岩)으로 호를 고쳤으며 동방대학원 대학교를 설립하여 총장에 취임함 – 선생이 살았다. 그런가 하면 서너 집 건너 길 위 담 높은 집에는 역시 일중 선생의 수제자인 홍석창 화백이 살았다. 그 당시는 대만 유학 중으로 직접 만나진 못했지만, 높은 담만큼이나 거리감을 느끼지 않을 수가 없었다.

그러나 20년이 지난 후 그림에 대한 미련을 도무지 누를 수 없어 찾아가 만나 뵌 홍 화백은 너무도 부드럽고 따뜻했다. 글씨 선배들의 근엄함으로부터 느꼈던 냉기가 그 분에게서는 느껴지지 않았다. 수유동 시절 높았던 담의 이미지도 어느 새 내 머리 속에서 말끔히 지워져 있었다.

그 후로 그림과 연의 접목을 통해 새로운 발표 장르를 개척하는 데에 앞장서 후원해 주시고, 특히나 2000년 1월 1일 여의도 한강시민공원에서 있었던 '평화의 연그림 축제'를 성공적으로 펼치는 데에는 불편하신 몸을 돌보지 않고 혼신의 힘을 아끼지 않으셨다. 여러 번의 연그림 행사에서, 또는 원근 각처 산과 들을 가리지 않고 스케치를 통해 제자들과 스승 간에 쌓인 사연은, 넘치는 정으로 보아서는 아마도 몇 트럭분은 되지 않을까 생각된다.

나는 시 창작 생활 후 처음으로 '산처럼 물처럼'이란 인물시 한 편을 '홍석창 화백의 회갑을 기리며'란 부제로 쓰게 되었다. 순수시를 지향하는 사람으로서 인물시가 갖는 한계도 있고, 잘 쓸 수 있을까? 혹시나 그분께 폐가 되면 어쩌나 하는 부담도 없지는 않았지만, 조심스럽게 그러나 기꺼이 쓰게 된 것이었다.

이 일을 계기로 해서 나를 키워 준 스승들께 바치는 시 한 편씩을 지어서 두 번째 시집에 넣기로 마음먹고 2005년쯤인가 4~5편을 지었었다. 그런데 이게 어쩐 일인가. 막상 때가 되어 잘 정리해서 넣으려고 자료를 찾았지만, 다른 것들은 웬만큼 다 있는데 바로 이 시편들이 도무지 보이질 않았다. 원고 마감 열흘이 남았는데 아직도 없으니 이를 어쩌랴. 스승님들에 대한 죄책감 때문에라도 날밤을 새워 다시 짓지 않을 수가 없었다.
그런데 역시 문제는 그렇게 중요하고도 어려운 시를 단 하루 이틀 밤을 새워 쓴들 그것이 제대로 되겠느냐 그것이었다. 오직 스승님들께 무릎 꿇고 사죄드리는 수밖에……

얼레를 감아줘고

-두산(杜山) 노유상(盧裕相) 옹-

연 날리러 가자
골목을 돌고 돌아서
신호등을 건너 건너서
전깃줄 없는 곳으로 가자
경적 소리에 놀란 가로수들이
손에 손은 잡고 따라 나서는구나.

강변으로 갈까
언덕을 넘고 넘어서
다리를 절며 거기쯤 가면
오늘은 하늘이 얼마쯤 남았을까.
까불이 가오리연을 먼저 날리자.
점잖은 바지저고리 방패연도 날리자.

이마엔 방꼭지
아랫도리는 청치마
신바람 나게 엉덩이춤을 추네.
바람은 높새바람 옷자락도 나부끼는데
어느 새 빌딩 사이로 노을이 진다
저놈의 빌딩들이 무럭무럭 자라서
땅 끝을 덮고 하늘을 가리면
내일은 얼레를 감아줘고
또 어디까지 가야 하나

2002 한·일월드컵기념 연그림축제(상암경기장 에서 시연하는 모습)

내일 아침에, 이 언덕길을 올라오지 않을 방법은 없을까?

교직 생활을 시작한 후 네 번째로 전근해 간 T고등학교는 산 중턱 통 바위를 깎아 만든 터에다 이제 막 개교한 곳이라 서부 개척 시대를 방불케 했다. 교주의 황무지 개척 정신은 평가받을 만하지만, 겉으로 보기에 번지르르한 교육 목표 뒤에 도사린 수단 방법 가리지 않는 사업가 속셈이 훤히 들여다보였다. 학부모의 돈주머니를 노리며 그들의 허영심을 채워주는 노골적인 교육 공작들, 부정 입학생들, 목표제일주의의 제물이 되는 가련한 학생들, 목표도 물론 중요하지만 추구하는 과정에도 더욱 정성을 다해야 하는 인간중심주의의 소박한 욕구들이 무참히 말살 당하는 이 직장에 내가 언제까지 몸담고 있어야 하나. 의기가 통하는 몇몇 동료들과 함께 정면 돌파를 위한 저항을 끈질기게 해 보았지만, 현실 순응파들로 겹겹이 둘러싸인 그들의 아성은 난공불락이었다.

미운 놈 떡이나 먹어라 하면서 새마을부장을 맡기길래, 3년 동안 절개지 비탈에 나무 심기, 용마 음악 축제, 교내 예술제, 첫 교지 발행, 교내 및 전국학생연날리기 대회를 열면서 끓어오르는 열을 식혔다. 그래도 식지 않는 열은 술로 식혔다. 이튿날 출근하면서 이렇게 중얼거린다. "오늘 아침에도 이 언덕길을 올라가야만 하나" 퇴근하면서 이렇게 중얼거린다.

"내일 아침에 이 언덕을 올라오지 않는 방법은 없을까?"

그러기에 낙 붙일 곳을 찾아 나섰다. 특별활동 분야에다 서예반을 만들었다. 이때 창립 멤버가 된 창수, 형오, 석철, 선복, 주선, 광선, 용선, 문영, 경탁, 시 잘 쓰던 현채, 장현이 등은 지금쯤 모두 멋지게 성장해 있을 텐데, 요즘은 소식이 끊어져 연락도 되지 않고 궁금할 뿐이다.

결국 괴로움을 해결하는 방법은, 국어 열심히 가르치면서 시에 미치고, 글씨 쓰기에 몰두하고, 서예반 지도하고, 연날리기에 쏟고 하면서, 그저 잊고 사는 수밖에 별다른 도리가 없었다. 연날리기 부문 인간문화재 노유상 할아버지를 만난 것도 이 즈음이었다. 연 이야기는 뒤에서 다시 하기로 한다.

전설의 동굴 속에서

- 도예가 인병득 선생 -

습습한 지하계단을 내려간다.
함몰인 듯 꿈같은 몰입인 듯
점성(粘性)의 세계로 들어가면
드디어 도자기의 나라에 닿는다.

당신의 손엔 횃불이 들려 있다.
홰를 따라 끝 모를 깊이로 내려간 거기는
흙의 정령과 불의 요정이 만나
혼신(渾身)을 사르는 다비(荼毘)의 제단.

우리는 마침내 전설의 동굴 속
흙의 신부와 불의 신랑이 애타게 기다리는
신방에 이른다. 불을 지핀다.
당신과 내가 나눠 마시는 막걸리 한 사발.

창호지를 뚫고 신방을 훔쳐본다.
불길은 매끄러운 흙의 살갗을 애무하며
불꽃들의 환호 속에 춤추기 시작한다.
신랑 신부 합환(合歡)의 이글거림으로
가마 안은 온통 신열(身熱)을 앓고 있다.

오랜 기다림 끝에 철문을 연다.
그대들은 천천히 포옹을 풀고
부활의 연화대(蓮花臺) 위에 고요히 앉아 있다.
세상의 어둠을 모두 태워버린 헛헛한 가슴을
우리는 막걸리 한 사발로 다시 채운다.

흙 냄새, 불 냄새

꿋꿋하기로 소문난 노 선생 소개로 건대부고로 전근한 것은 내게는 대단히 다행한 일이었다. 한 숨 돌리는구나 싶었지만 이미 시작된, 수만 평의 판교 땅 찾기 재판이 2년간이나 더 계속되었다. 그러나 천신만고 끝에 할아버지 인감위조 장본인까지 찾아내어 증인으로 세웠는데도, 상대편 D재벌회사의 위력에 밀려 3심에 가서도 지고 말았다. 민속문화예술학교의 꿈이 물거품이 되는 순간이었다. 가난한 인간문화재들을 모시고 불우한 학생들에게 기능 전수 기회를 갖게 하겠다는 결심으로, 꽤나 구체적인 학교 설립방안과 설계도까지 준비했었는데 허탈하기 짝이 없었다.

그 외의 다른 땅에 대한 재판을 다시 생각하고 있을 때, 아내는 '재판과 가정 둘 중에 하나만 택하라'고 최후 선언을 했다. 더 이상 퍼 넣을 돈도 없고 하나뿐인 후원자마저 등을 돌리고 보니, 아무리 낙천적인 나도 가슴이 콱 막히는 게 마음병이 들기 십상이었다. 옛 직계 조상 윤관 장군[주1)]의 묘소가 피폐한 채로 꿈에 보이기도 했다.

때 마침 도자기가 운명처럼 내게 다가왔다. 같은 학교 여교사의 남편이 운영하는 작업장에 발을 디뎌 놓았을 때 가슴이 후끈 달아올랐다. 습기가 가득한 지하 도방이었지만, 꿈에도 그리던 흙 냄새, 불 냄새, 각양각색의 도자기들이 나의 온 감각을 통째로 사로잡았다.

원래 새로운 일 시작하기 좋아하는 천성이라 앞뒤 안 보고 푹 빠져 들었다. 도방 주인은 신구대학 도예과 인병득 교수였다. 한 군데 몰두하면 걱정스러울 정도로 주변 일상사를 까맣게 잊어버리는 끈질긴 몰입 근성, 어릴 때 아버지를 여의고 홀어머니 밑에서 온갖 고난을 겪으면서도 꿋꿋이 견뎌내는 생명성…… 이런 요소들이 나와 너무도 닮아 있었다.

또한 짚풀공예박물관을 차린 의지의 여성 인병선씨가 사촌누님이고, 내 가슴에 늘 사무쳐 있는, '껍데기는 가라'의 시인 신동엽은 오래전에 이미 작고했지만, 그녀의 남편이었다는 사실 또한 운명적 만남을 뒷받침하기에 충분한 조건들이었다.

가마에 불을 지펴 놓고 밤을 새우며 기다릴 때에는, 장구와 북을 두들기며 막걸리 잔을 꽤 많이 비웠다. 이렇게 근 십년을 지하 도방에서 흙과 씨름을 한 끝에, 1990년에는 윤고방 시도화전(詩陶畵展)을 열고 시도화집도 꾸며 내게 되었다. 그는 전시의 시작부터 끝까지를 세세하게 살피며 도와주었다. 나이는 나보다 몇 살 아래지만, 산채두목 같은 인교수에게 「한불」이란 호도 지어 주었다. 그 후로 인교수의 작업실 이름은 여전히 한불도방이다.

주1) 문숙공(文肅公) 윤관(尹瓘)장군 : 파평 윤씨 문중의 시조인 태사공(太師公) 윤신달(尹莘達)의 오세손(五世孫)이시며, 저자는 33세손이다.

하늘에서 온 편지

나는 바람의 아들 연(鳶)이올시다.
구름 타고 둥실 하늘 위에 오르면
당신들이 감추고 있는 속내가
몽땅 다 보입니다.

눈부신 드레스 부끄러운 속곳 속에
향수로 감춘 알몸뚱이가
홀라당 다 보입니다.

모두 부질없는 노릇이라 눈 감은 채
더 높이높이 올라갑니다.
백두산도 한라산도 한 덩어리
갈라진 틈도 보이지 않습니다.

오십년 세월 죽이며
흰 눈동자 모로 세우고
아무리 노려봐도
글쎄 몸뚱이는 하나뿐이올시다.

가슴은 참으로 슬프고 무거웠다

고등학교 1학년 국어교과서에 '우리나라의 세시풍속'이란 소단원이 있었다. 거기 소개된 세시풍속의 민속놀이들은 거의 대부분 이미 우리 문화 속에서 이미 사라졌거나, 그저 몇 가지 명맥 유지만 하고 있는 현실이 매우 안타까웠다. 모두들 전통문화 계승을 소리 높여 외치면서도 막상 실천적 계승에는 너무 무관심하구나 싶었다. 나라도 한번 해 보자. 무얼 할 것인가. 연날리기가 먼저 마음을 당겼다. 김해 시절 설움을 실어 보냈던 연에 대한 기억들. 누구에게나 강하게 남아 있을, 산 넘고 들을 건너 끊어진 연을 찾아 헤맸던 아름다운 추억. 현대 도시의 청소년들에게 자연과 이상을 위한 실천적 교육 항목으로 '이만한 것이 어디 있겠는가.' 하고 생각했다.

교육 자료를 찾다가 결국은 경복궁 민속박물관에 가서 거기 전시된 연 제작자를 수소문하여, 연희동 연신내 천변의 노유상 할아버지 댁을 찾아갔다. 부엌하나 방 한 칸에 빽빽이 들어찬 연 제작 도구들과 갖가지 연들. 세간 살림도 별반 없고 누울 자리조차 없는 궁색한 생활을 목격한 순간, 가슴은 참으로 슬프고 무거웠다. 나중에 안 사실이지만 그 당시 우리나라 전통문화 계승의 궁핍상은 상상을 극할 정도였다. 교지 특집란에 싣기 위해 찾아갔던 자개공 '끊음질'의 인간문화재 심부길 옹, '꼭두각시놀음'의 남사당, '북청사자무' 전광석씨 들의 생활 모습은 실로 눈물겨웠다. 학교에서 모은 성미를 이 분들에게 네 가마씩 전달한 일은 지금 생각해도 가슴이 뿌듯한 일이다.

노옹으로부터 연 제작 기능을 익히는 한편으로, 학교로 모셔 와서 제작시범과 강연회를 열고 나중에는 교내 연날리기대회를 열었다. 한복을 입고 출전한 선수들에게는 유리하도록 채점제도를 만든 결과, 선수들의 90% 이상이 아버지나 삼촌의 한복을 빌려 입고 출전하여 참으로 전통문화의 향기가 물씬 풍겨나는 대회가 되었다. 이듬해에는 지금의 천호대교 아래 광나루에서 전국중고연날리기 대회를 치렀고, 그 다음해에는 중량천변 도로를 허가 받아 행사를 치렀는데, 바람이 너무 세찼기 때문에 행사를 중단해야만 했다. 학교 홍보를 위해 불렀던 많은 매스컴 기자들도 헛걸음을 쳤다. 책임 추궁을 당한 끝에 그 학교의 연날리기 행사는 교육계획에서 영영 빠져버렸다.

그 강가로 당신을 데려가고 싶다

– 전람회 초대시 –

당신과 나의 가슴 속에서
강물은 언제나 출렁거린다.
출렁거림 저편에서
한 줄기 바람 불어와
흰 물결 일으키며
회랑 가득히
머문다.

바람은
화폭 속에서
꽃향기를 날리고
세월은 흙먼지를 날리는데
오늘도 내일도 모두 떠나버린
먼 훗날에까지 당신과 내가 함께
바라보며 서로의 눈빛을 기억하게 될

그 강가로 당신을 데려가고 싶다.

2001년 스케치북에서

도깨비놀음 한바탕

1990년에 발간하게 된 '윤고방 시도화집(詩陶畵集)'은 말 그대로 억지춘향이었다. 시 정리도 어려운 판에 시와 그림을 도자기에 새겨 넣고, 시화집 발간에다 개인전까지 한꺼번에 연다는 것은, 돈 다발을 쌓아 놓고 어느 막강한 후원자나 기획자가 뒷받침을 해도 잘 되니 못 되니 할 판인데, 혼자서 갈팡질팡하자니 최소한 1인 5역 정도는 해야 가능한 일이었다. 천만 다행이도 도자기 부분과 전시 관련 일을 한불선생이 맡아 주었기에 억지로라도 진행될 수 있었다.

고물 스텔라에 짐을 싣고는 졸음 운전을 하다가 위기를 넘긴 적이 한두 번이 아니었다. 이 무슨 미친 짓이란 말인가. 후회해도 소용이 없었다. 이미 위험천만한 호랑이 등에 올라타고 말았으니 어쩌겠는가. 그냥 타고 가자니 목숨이 위태롭고 내리자니 지난 세월이 아깝고····여지없이 욕심 많은 속인의 우스꽝스런 몰골이구나 하는 자책도 끊임없이 끓어올랐다.

세상 사람 모두가 한 가지만이라도 제대로 하라고 눈 흘기는 판인데, 내가 벌이는 잡탕 예술행위가 호평을 받으리라고 생각지도 않았다. 단지 그 어느 땐가 좀 더 나은 모습이 될 때까지 끝없는 미완(未完)의 길을 가는 것이, 괴롭고도 즐거운 나의 운명일 것이라는 단정이 이미 오래전에 내려져 있을 따름이었다.

전시회 직후, 잡탕 도깨비놀음에 참다못한 아내와의 사이에 심각한 갈등이 있었지만, 그녀의 너그러운 천성 덕분에 위기를 넘기기도 했다. 소용돌이가 어느 정도 가라앉은 후, 근 10년간이나 발을 끊고 지냈던 연 할아버지께 시집을 들고 찾아갔다. 이제 오면 어떻하느냐는 질책과 함께 소매를 잡아끄는 통에, 한국민속연보존회의 부회장을 맡아 사단법인체로 만드는 일을 도우며, 한국관광공사와 공동 주최로 제1회 국제연날리기대회를 기획하고 진행했다. 강선생, 신선생, 오사장 등 동료들과 몇 날씩 밤을 새우며, 체중이 뚝뚝 떨어지는 몇 달씩 천신만고 끝에 행사를 3년 동안 세 번씩이나 국제 연날리기대회를 치렀다. 그러나 공무원들과 손잡고 머리를 맞댄 것이 잘못이었다. 죽도록 땀 흘리고 시간 뺏기고 이용만 당한 채 결별을 선언하고 말았다. 재주는 곰이 피우고 돈은 되놈이 먹고, 엄청난 공금 착복의 현실을 목격하고 만 것이다. 그런 풍토 아래서 한국의 문화 예술이 숨 쉬고 산다는 건, 참으로 기적과 같다는 생각이 지금도 지워지지 않는다. 그 전에 비해 요즘의 상황은 많이 달라지지 않았을까 짐작해 본다.

정해년 강을 고향

연그림, 동지애를 샘솟게 하는 마력

한국연그림협회를 결성한 것은 1999년이었다. 1997년부터 연과 그림의 결합을 적극 제안하고, 동양화가 100여 명의 결집을 이끌어낸 홍석창 화백을 명예회장으로 모시고, 나는 연 쪽과 행사 진행의 실무를 맡는 회장이 되었다. 너무도 벅찬 역할이었지만, 시서화와 연을 함께 묶어 새로운 예술 장르로 연출할 수 있는 귀중한 기회라 생각하니 어디선가 새로운 힘이 솟아올랐다. 동양화가 소정이 중심이 되어 백송, 석우가 함께 똘똘 뭉쳐서 싸움터의 전우처럼 협회일을 도왔고. 서화가 창암과 정림 외 여러 사람이 적극 나섰다. '연그림'이란 특수한 결합체는 어쩌면 동지애를 샘솟게 하는 마력을 지녔는지도 모를 일이었다.

새천년맞이 행사를 미리 준비하기 위해 연그림 4인방-소정, 백송, 석우, 고방은 천리길을 밤새 달려서 경북 포항의 호미곶에 도착했다. 비바람이 드세게 몰아치는 새벽 바닷가에서 해가 떠오르기를 기다렸다가 높이 2m에 너비 3m의 대형연을 날리며 연줄을 잡고 사투(?)를 벌였던 일은 결코 잊지 못할 것이다.

비에 흠뻑 젖은 채 자동차를 몰고 모두들 녹초가 되어 태백산맥 어느 높은 고갯마루에 도착했을 때, 산바람과 햇볕이 너무 좋았다. 모두들 내려서 젖은 연을 꺼내어 넓은 주차장 바닥에 펼쳐 놓고 말리다가 하나 둘씩 연을 날리기 시작했다. 연만 잘 날면 피곤은 어느 틈에 자취를 감추기 마련, 잠시 후 연들은 듬뿍 젖은 물기를 다 날려 보내고 보송보송한 채로 지상으로 내려왔다.

드디어 2000년 1월 1일 새벽. 6개월간의 준비 끝에「평화의 연그림 축제」의 막이 올랐다. 새천년준비위원회로부터 명예회장이 삼천 만원이란 거금을 따 왔고 연제작과 진행에 관한 실무는 내가 맡았다. 만상이 꽁꽁 얼어붙은 겨울 새벽, 새천년의 문을 열고 솟아오르는 태양을 맞이하면서 갖가지 평화의 메시지를 담고 하늘로 오르던 대형 연들의 펄럭거림, 그 감동의 순간을 지금도 모두 못 잊어 한다.

2002년의 '한일월드컵 축하 연그림전' 또한 협회의 소중한 업적이 되었다. 월드컵 조직위원회와 공문을 주고받으며 시작한 행사인데, 막판에 조직위와 현대 등 후원업체들의 후원경비 외면으로 중단 위기를 겪다가, 서울시의 천만 원 도움으로 준비가 재개되는 우여곡절을 겪었다. 상암경기장 남쪽 분수 공원의 좁은 공간에서, 호수에 빠진 큰 연들을 여러 번씩 건져내면서, 한 달에 걸쳐 여섯 번씩이나 행사를 치렀다. 회원들을 모두 지치게 하기에 충분했지만, 월드컵 열기에 온 나라가 벌겋게 달아 오른 시점이었으므로, 대~한민국의 신바람 속에 함께 빠져 지냈던 행복한 시절이었다.

나는 개인적으로 월드컵 연그림 행사에 맞추어서 우리나라 최대의 방패연을 만드는 야심찬 계획을 실행에 옮겼다. 방패연의 형태를 본떠서 설계한 상암 경기장의 모양새를 생각하며, 학교 지하실의 교실 두 칸짜리 특별실을 빌려서 가로 4m 세로 6m의 초대형 조립식 방패연을 약 100일이 넘는 제작 기간 동안 추위에 떨며 완성해냈다. 드디어 한국 최대의 조립식 방패연이 탄생된 것이다. 아내와 솔, 참 그리고 여러 도우미 학생들이 아니었다면 결코 해 낼 수 없는 일이었다.(본서 p80. 참조)

흔들리지 않는 돌섬

- 독도에 다녀와서 -

우리는 뜨겁게 느낀다.
바다 멀리 손가락 끝에서
한반도의 가슴 복판으로
달려오는 핏줄의 울림을

태초에 당신은
깊은 바다 깊은 땅 속
물과 불의 혼융(渾融) 속에
어둠 태우던 불기둥이었다.

오늘 당신은
만고(萬古)의 계단을
밟고 내려와
부활하라, 해신(海神)이여
그 옛날 어둠 사르던 힘으로
간악한 욕심 태우는
활화산이 되라

동해,
동해,
동해의
거친 너울 잠재우는
흔들리지 않는 돌섬이 되라.

우리는 뜨겁게 느낀다.
한반도의 가슴 복판에서
바다 멀리 손가락 끝으로
달려가는 핏줄의 울림을

독도에 핀 꽃 / 60×60cm / 화선지에 채묵

상암경기장 철탑 꼭대기에 걸린 초대형 방패연

건국대 운동장에서의 1차 시험 비행 성공에 이어, 상암경기장 앞 광장에서 2차로 시험 비행을 하던 날, 연은 카메라 플래시를 받으며 경기장 메인스타디움 안쪽 잔디밭 상공으로 잘도 올랐다. 멋지게 떴다고 모두들 환호성을 올리는 순간, 돌개바람에 휘말린 연은 7층 높이의 경기장 지붕으로 곤두박질했다. 수입한 특수 소재로 만든 지붕이 찢어졌다면 아마도 수 천 만원을 배상해야 할 것이라는 관리자의 말에 설마 하면서도 속으로는 오금이 저렸다.

일반인은 결코 아무도 올라갈 수 없다는 강경한 어조의 관계자를 설득하고 또 설득하여, 끝내는 비밀통로를 찾아 큰아들 솔이와 함께 지붕 위로 올라갔다. 둘째 아들 참이는 밑에서 '좀더 왼쪽으로!, 거기요. 거기!' 라고 고함을 질러 우리들의 방향을 유도하는 삼부자 합동 작전이었다. 연은 그 높이에서도 10여m가 넘는 원형 철탑 위에 걸려 있었다. 다행히도 지붕의 특수 천에도 아무 파손도 없었기에 휴-하고 가슴을 쓸어 내렸다.

둥근 철탑 속의 위태로운 계단을 기어 올라가 굵은 밧줄에 얽혀 있는 연줄을 풀고 연을 해체하여 다시 내려오던 순간의 그 스릴감은, 지금도 때때로 부실한 부자지정을 다시 두터이 묶어 주는 특별한 소재가 되곤 한다. 별별 고생을 다 시키는 아빠가 원망스럽기는 마누라나 아들들이나 별반 다를 게 없을 것이란 자책감이 가슴을 치밀어 올랐다.

독도 하늘에 외치다

그 후로도 일 년에 한 번씩은 꼭 빠지지 않고 고역스런 연그림 행사를 치렀는데, 2005년 5월에는 협회 회원들과 동호인들 30여명이 독도사랑 실천 연그림전에 나섰다. 일본의 독도 만행이 우리 국민들의 속을 부글부글 끓게 만들던 시절이었다. 나는 학교 작문시간에 학생들에게 쓰게 한 독도 사랑 시 수필 40여 편을 골라 뽑아서 「흔들리지 않는 섬」 100권을 인쇄하여 위문품 속에 함께 넣었다.

협회 임원인 강 회장 내외, 새로 열성 회원이 된 현당 내외, 향설, 이연, 문성당, 연심, 혜원, 벽아, 우정, 백 교수, 조 사장 내외와 친구들 등, 여러 식구들은 거의 대부분 가혹한(?) 배멀미를 겪으며, 혹독한 시련 속에 든 항일 투사와도 같은 모습이었다. 뱃속이 들끓고 천지가 뒤틀리는 고통스러움이, 신기하게도 독도에 발이 닿는 순간 감쪽같이 사라지고 말았다. 바닷바람을 타고 연은 어찌 그리도 잘도 뜨는지, 연들은 제가끔 높이 올라서 일본 쪽을 향하여 '독도는 한국 땅' 이라고 큼직하게 쓴 화폭들을 마음껏 흔들어대었다.

독도 바람은 이렇게 우리를 반겨 맞았지만 이튿날 찾아간 울릉도 바람은 난폭하고도 종잡을 수 없는 폭군이었다. 강도 높은 특수 소재의 연살들이 사정없이 부러지고, 사람조차 날려 버릴 듯한 자연의 힘 앞에 서둘러 연을 접고 섬을 떠날 수밖에 없었다.

잡초들아 미안하다 1

땅을 사랑하고부터
흙덩이에 눈이 멀어버렸다.
야채 한 포기로 철을 알고
곡식 한 알갱이로
목숨 깊은 줄 알고
청치마 홍치마 상추 치커리 쑥갓
고추장에 듬뿍 찍어
식솔들아 모여 앉아라.
박한 세상, 어떤 놈의 잔치가
이 말고 따로 있겠느냐며
목구멍이 한참 행복한데
손끝에서 풍기는 풀냄새 피냄새.
잡초들아 미안하구나.
벌레들아 난들 어쩌랴.
한 잎 푸른 남새를 위하여
한 알갱이 곡식을 위하여
몸살 나게 잡초를 뽑을 것
진땀나게 벌레를 잡을 것
얘들아, 아무래도 나는
잡초와 벌레와 함께 살면서
텔레비전에 자주 나온다는
그 일등 농부는 못될 것 같구나.

꿈에 그리던 전원을 찾아 나섰다

대대로 내려오던 판교 인근 땅들이 모조리 남의 수중으로 넘어가고도 끄트머리 조금 남은 게 있어서, 보상을 받고 나서는 무엇보다도 먼저 꿈에 그리던 전원을 찾아 나섰다. 두 달 이상 발품을 판 덕분에 북한강이 저만큼 보이는 곳에 조그만 농가를 하나 갖게 되었는데 푸성귀를 가꿔 먹을 수 있는 약간의 텃밭도 딸린 곳이었다.

첫 해부터 욕심껏 20여 가지 채소를 심고 김매기를 열심히 하다 보니 급성 신장염으로 입원하질 않나, 과로성 대사 증후군이 걸리질 않나, 농부 노릇이 그리 만만한 것이 아니었다. 그렇지만 너무도 행복한 나머지 땀으로 목욕을 하고서도 '하느님 고맙습니다.' 소리가 저절로 쉴 새 없이 흘러나왔다. 새로 시작하는 일은 결코 하지 않겠다는 약속이 어느 틈에 무너진 꼴이지만 싫지 않았다.

수국풍경 1
45×45cm / 화선지에 수묵담채

잡초들아 미안하다 2

너희들의 탐스런 허리를 휘어잡고 뿌리를 잡아채면 '아이구머니나!' 비명소리가 튀어나온다. 손톱 밑에 시퍼렇게 풀물이 든다. 땀을 동이째 쏟고 나서 한숨 돌리며 손바닥에 묻은 너희들의 비명자국들을 문질러 지운다.

지난 봄날 그리도 향그럽던 연두색 옷소매. 납작 엎드려 애소하던 민들레 샛노란 눈빛. 그 옆에 옹기종기 모여 살던 오랑캐 꽃 그 보랏빛 입술은 누가 짓밟았느냐. 남쪽 바닷가 어느 짓궂은 시인이 유별나게 좋아한다는 빠구리풀 - 쇠뜨기도 쪽쪽 소리를 지르며 뽑혀 나갔지. 잡초들아 미안하구나.

온 밭 구석을 씩씩하게 장악했던 여름날 바랭이떼. 한 뼘이나 더 높이 왕초다운 기개를 뽐내던 왕바랭이들, 코끝을 알싸하게 물들이던 삼각 얼굴 방동사니들은 다 어디 갔느냐? 지난 석 달 가뭄 때는, 팔뚝마다 물살이 통통하던 쇠비름도 맥을 못 추고, 목이 기다란 달개비들도 쪽빛 꽃모자를 눌러 쓴 채 인고(忍苦)의 묵상을 하고 있더구만.

그렇게도 기다리던 빗방울이 후두둑하더니 어느새 길고긴 장맛비로 안면을 확 바꾸질 않았겠나. 그렇게도 억수 같았는데 너희들은 엄청 신바람이 났지. 여기서 저기서 즐거운 잔치판, 온 밭이 한참이나 술렁대었어. 홍상추, 꽃상추, 토마토, 고춧대하고 키 자랑을 하느라고 정신없는 바로 그 때가 너희들 잔치상을 엎을 절호의 기회일 게고. 나는 그제서야 용감무쌍한 모범농부가 되는 거였다.

잡초들아 미안하구나. 벌레들아 난들 어쩌랴. 강 건너 너른 풀밭으로 편히 가려무나. 머지않아 나도 뿌리 거두고 그리로 갈테니.

수국풍경 2 / 50×50cm / 화선지에 수묵담채

무드리 소견(所見) 1

물
속에 비친
산과 들

산과 들
속에 안긴
온갖 중생

속에
온갖 사람
어울려 사는

무드리[주1)]

수국풍경 3 / 50×50cm / 화선지에 수묵담채

주1) 무드리 : 경기도 양평군 서종면 수입리의 고유어. '물+들+이'의 표음위주 표기. '소견(所見)'은 동양화에서 그림의 대상이 됨을 이르는 말.

수국 풍경(水國風景)

'무드리 소견 1'은 2007년 여름 '한 · 중국제문화예술 교류전'에 출품한 그림 속에 넣었던 '수국풍경(水國風景)'이란 그림 속의 화제시를 약간 손 본 것이다. 단순한 맛을 내 보려고 괜히 멋을 부린 것이 아닌가 싶어 쑥스럽기도 하다.

1987년쯤인가 한국문학에 실렸다가 1시집에도 넣었던 '뚝심 좋은 사랑으로'란 시가 있다.

물방울이 다스리는 나라에 살겠네. / 하나에 하나씩 몸을 섞어도 / 억만 개가 어느 새 또 하나 되는 / 단단하고 끈끈한 뿌리의 나라 // 세상 구석 어디서나 우리는 외톨이지만 / 깊은 데로만 함께 흘러서 / 가장 높은 하늘에 닿는 / 돌아보라 세상은 넘치는 물소리뿐. // 죽어서 다시 죽어도 / 끝끝내 다시 돌아올 / 이 땅 위에 오늘은 / 이름 없는 실개울도 / 분노의 소나기로 섰는데, // 가세 눈물마저 마른 세상 / 웅덩이 한복판에 뿌리를 박고 / 뚝심 좋은 사랑으로 우리 살겠네.

이 시가 쓰인 때는 민주화 투쟁이 한창 고조될 시기였다. 나름대로는 모를 드러내지 않으면서도, 할 말을 다하는 시 한 편을 생각했었다.

1연의 물은 대중의 보조관념이며, 그러므로 '물이 다스리는 나라'란 독재자의 영토가 아니고, 대중의 자유가 보장되는 민주의 영토라는 정의가 성립된다. 그 나라는 '뿌리가 단단하고 끈끈하여' 결코 패하거나 소멸할 수 없는 세계이다.

2연에서는 '세상은 넘치는 물소리뿐'이라고 하여, 당시 민주 투쟁의 현장감을 전하려 했다.

3연에서도 2연에 이어, 죽음을 무릅쓴 대중-'이름 없는 실개울'이 '분노의 소나기로 서서' 왜곡된 현실을 개혁하려는 투쟁의지를 드러내는 모습을 형상화하려 했다.

4연에서는 이러한 투쟁의 현장에 '뚝심 좋게' 참여하자고 권하고자 한 것인데, 표현 의도가 얼마나 전달되었는지 의심스럽다. 자세하지는 않지만, 발표 당시 다음 달 호 어느 문학지에서 시평(時評)으로 다루어 주었던 것으로 기억된다.

'무드리 소견 1'은 위의 시에 견주어 볼 때, 같은 '물의 나라'를 소재로 다루고 있지만, 그 내용은 매우 현격하다. 그 20년이란 시간의 흐름 속에는, 우선 외적으로는 민주화 투쟁의 성취라는 시대 상황의 뚜렷한 변화가 있고, 내게는 생활의 안정, 그토록 원하던 '전원에의 귀소'라는 성취가 있었다. 전자는 '분노의 소나기'처럼 동적이고 투쟁적인 물인데 반해서, 후자는 '자연과 중생'이 함께 어울려 사는 정적이면서도 '화해와 상생'의 물로 변모한 것이다.

무드리 소견(所見) 2

북한강 맑은 물을
바라보며 산다.
물그림자 속에 내가 있다.

하지만 나는
물그림자 속에서도
산, 풀, 나무, 새들과
함께 사는 실상(實像)이다.

나는 땅 위에 살며
옛 그림 속에서나 산 그림자를 꿈꾸는
죽은 그림자가 되기는 싫다.

땅에서 물로
물에서 하늘에까지
발길 닿는 대로
살아 넘치는
푸른 들판이고 싶다.

나의 신부 - 푸른 들판

「무드리 소견 2」는 운 좋게도 북한강 맑은 물가에 살게 된 나 자신을 바라보며, 지나칠 정도로 자신을 다그치고 학대해 온 지난 세월 속에서 스스로를 건져 올려, 거울에 비추어낸 자화상인 셈이다.

좀더 솔직히 말하자면 아무리 그것이 운명적인 것이라 하더라도, 원죄도 벗고, 하늘 가리고 살았던 삿갓도 벗고, 종국에는 그 두껍던 어둠도 이제 벗고 싶은 것이다.
북한강의 물그림자 속에 내가 있지만, 이제 나는 온갖 생명체들과 고락을 함께 하는 실체이며 주체이고 싶은 욕구가 가슴 밑바닥으로부터 강하게 울려나온다.

시 · 서 · 화 · 도자기 · 연을 가지고 통합예술을 꿈꾼다고 해서 고상한 선비의 길만을 고집하는 것은 결코 아니며, 남이 가던 길을 흉내 내는 일에 머무르고 싶은 생각 또한 추호도 없다. 단지 그 길과 목표에 매료되어 수련의 과정을 거치며 꾹 참고 기다렸을 뿐, '한 우물만 열심히 파며 살기'란 도무지 생리에 맞지 않는 일이었으므로, 운명의 부름에 따라 세월을 바쳤을 뿐이다.

이제는 저 '푸른 들판'처럼 자유롭게 '죽은 그림자'로부터 탈출하고 싶은데 과연 그 때가 언제일 것인가. '무드리 소견 3'에서처럼, 치열한 노동과 땀을 통해 희열에 이르고, 강가의 불빛을 보며 안식에 들고 그러면 거기에 나의 신부 - 푸른 들판이, 삿갓 벗은 반백의 신랑을 반갑게 맞아주지 않을까 하고 김칫국부터 마시고 보는 것이다.
꿈도 참 야무지구나. 인생사고(人生四苦) - 생로병사가 문 밖에 기다리고 있는 줄도 모르고······

무드리 소견(所見) 3

살갑게 달아 오른 황토 바다 속
시야는 온통 푸른 풀냄새의 해일이다.
구릿빛 혓바닥으로 팔뚝을 핥는 햇살.
솟아오르는 땀샘의 황홀한 분수 아래
턱 밑까지 파도치는 박동의 울림.
물상들은 희열의 하루해를 접는다.

들판은 다리를 뻗고 길게 누우면서
노을에 잠긴 마지막 커튼을 닫는다.
먼 산 불빛 한 둘씩 눈을 뜨고
종일토록 그리던 안식이 내릴 차례다.
아침 물안개 오를 때까지 잠들게 될
별들이 벌써 강물 위에 내린다.

그러나 그대가 밤의 문을 열고 들어서면
깜박이는 촛불 심지를 돋우어 놓고
가난한 신부는 아직 기다리고 있을까.
태어나는 생명의 울음, 병석을 흔드는 신음
남모르게 늙고, 외로이 흩어지는 영혼들.
유유히 흐르는 강물 위로
숨 막히는 고요 언제 올 것인가.

「2003년 스케치북」에서

한국 예술탑(Koeean Art Tower: KAT)

장안동 한불도방에서 도자기 평판에다가 화장토를 바르고 그 위에 시 · 서 · 화를 그려 구워냈더니, 제법 마음에 드는 작품들이 나왔다. 이때로부터 20년이 넘은 지금까지 오매불망 그리고 또 그리는 조형물이 하나 있다. 이름하여 '시 · 서 · 화 · 도자탑(侍書畵陶瓷塔)'이다.

화강암이나 다른 튼튼한 재질로 7~8m 규모의 육각 또는 8각 정도의 탑을 만들고 그 외벽에는, 도자기 평판에다가 현대 한국의 시인 · 서예가 · 화가들의 작품 한 점씩을 그려 넣어 구워서 붙이는 것이다. 결국 정통성 있는 한국 고유 문화예술의 기념탑이 될 것이며, 형태를 달리 해가며 다음 세대로 이 설치 작업이 이어진다면, 전통 문화계승의 현장이 될 것이다.

1995년에는 '96 문학의 해'를 맞이하는 사업의 일환으로 「시 · 서 · 화탑 건립 계획서」를 송파구청에다 제출했다. 잠실주경기장 건너 선수촌 아파트 앞 공원 안에 이 탑을 세워 문화공간으로의 역할을 하도록 하자는 제안이 있었지만, '쇠 귀에 경 읽기'였는지 끝내 아무 회신이 없었다.

그 후 20여 년이 지나는 동안 그 모형도는 한시도 내 머릿속을 떠난 적이 없었다. 지금 와서 달라진 점이 있다면, 첫째, '한국 예술탑(Koeean Art Tower: KAT)'으로 명칭이 바뀐 점이고, 둘째, 적용 폭을 더 많은 예술장르로 넓히는 것이며, 셋째, 탑은 규모와 문화역량, 수행능력에 따라 장기간에 걸쳐 여러 동(棟)으로 건립할 수 있다는 것이다.

그런 과정에서 수십 장의 조형물 스케치가 실제로 그려졌다. 직장에 매인 몸으로 시간도, 자금도 없는 주제에 헛된 망상은 이제 그만 버리라는 질책도 수없이 이어졌다.

그렇지만 이제 사정은 많이 달라졌다. 명예퇴직으로, 여기에 몰두할 시간이 생겼고, 수입리-무드리 땅이 마련되었으며, 아직 이렇게 팔다리가 멀쩡하지 않은가? 한 걸음 더 나아가서 다행하게도, 어느 지방자치단체장의 혜안을 만나서 양서면 세미원(洗美苑)[주1] 안에다 '한국의 예술탑 - 동양인의 관광 명소' 건립을 허락해 준다면 더욱 빛나는 양평, 나의 새 고향이 되지 않을까 기대해 본다.

주1) 세미원(洗美苑) : 경기도 양평군 양서면 양수리(두물머리)에 있는 수생식물 전시장 및 공원으로 조성된 지역. 수만 평에 달하는 연꽃밭이 조성되어 두물머리의 한강 풍치를 함께 즐길 수 있는 관광 명소임.

날씨 예감

첫 번째 흐린 날.
상처투성이 책걸상을 마주하고 몸 부딪치며 살다 보면 교실 창문 너머 하늘빛은 맑기보다 흐릴 때가 더 많더라. 몸속까지 마음속까지 어두워져서 너희들의 모습이 보이지 않을 때면 우리는 회초리를 들고 복도를 더듬는다. 요놈들이 다 어디로 갔지. 오늘따라 왜 이리 허깨비만 보인담? 울긋불긋 말썽꾸러기 가면들은 전산실 발행 성적표를 달고 강아지, 토깽이, 잔나비 시늉을 하며 느림보 별주부를 놀려대겠지. 여기요, 여기 눈을 좀 더 크게 떠보라니까요? 샘 – 샘.

두 번째 비 오는 날.
잔뜩 찌푸리더니 마침내 비가 내리는구나. 굽이굽이 생명의 단비가 없으랴마는, 오늘 너희들과 우리들 사이 두꺼운 유리창을 타고 흘러내리는 단절의 비. '세대' 라는 이름의 견고한 다리 위에 아래를 휘감아 흐르는 안개. 그러나 오늘은 이 비안개 속에서 우리 함께 눈을 뜨자꾸나. 빗물에 녹아 더욱 빛나는 강물, 그 강물 속에 푸른 별로 뜨는 우리들의 새로운 만남이, 만남이 이루는 바다보다 더 넓은 천지가 다시는 없지 않더냐? 애들아.

세 번째 하늘 푸른 날
산들바람 불어 구름 걷히기 좋은 날이구나. 하늘 보기 위해서는 먹구름 뚫고 솟아야 하듯, 너는 나에게로 우리들은 너희들에게로 첨벙 뛰어들어야 하느니, 어느 날 꼭 한 번씩의 탈출이 필요하다. 철부지 희극 배우들처럼 서로 옷을 바꿔 입고, 회초리와 성적표를 바꿔 들어야 한다. 너희들 아픈 종아리와 우리들 답답한 가슴 사이로 곧장 하얀 새 한 마리 날아오르는 날. 날씨 한 번 좋 – 다.

떠나는 자에게 더욱 아름다운 길

37년의 교직 생활 중 25년간 건대부고에서 보냈다. 전직 학교가 워낙 정신적 고통을 주었기 때문인지, 이 학교에서 보낸 세월은 참으로 보람되고 행복한 시절이었다. 그리 높지 않은 자그마한 동산 위에 유달리 느티나무 수십 그루가 붉은 벽돌 교사(校舍)을 감싸고 있는 곳. 2년 반의 정년을 남겨 놓은 채 명예롭게 그리고 흔쾌히 떠날 수 있었던 학교다.

번잡한 도심 속에서, 삼십 미터 높이의 이태리 포플러 위에 집 짓고 사는 까치 울음소리는 단박에 시심(詩心)을 자극하여 여러 편의 시를 쓰게 만들었다. '꿈꾸는 까치집', '한쪽 날개로만 날기 위하여', '까치야 새벽까치야' 등을 첫 번째 시집에 실었다.

부임 후 제일 먼저 한 것이 동산 소나무숲 속에서 야간에 펼쳤던, '제 1회 느티문학의 밤'이었다. 조명 시설, 마이크 설치 등이 하도 어려워서인지 2회부터는 강당 안으로 들어오게 되었는데, 지금은 거기가 대학 기숙사 터가 돼 버렸고 세월은 다시 돌아오지 않지만, 그 때가 참 좋았다고 늙은(?)학생들을 만나면 자주 이야기하곤 한다.

숲이 너무 좋아서 여름이면 숲 그늘로 학생들을 데리고 나가서 야외수업을 자주 했고, 그러다 보니, 윗사람들의 눈총을 자주 받은 것도 사실. 그러나 개의치 않고 '숲 속 교실 만들기', '숲 속에 느티정 짓기'를 교장 바뀔 때마다 건의했으나 끝내 받아들여지지 않았다.

나무마다 '나무 이름표 붙이기', 민속반을 조직하여 연 만들기도 가르쳤고, 학교 공터에 화단을 만들고 등가대 위로 박넝쿨을 올렸는데 박이 동이 만하게 잘도 열렸었다. 그해 축제 때는 박을 켜는 시늉을 해 가며 '흥부네 박잔치'를 열기도 했었지.

매년 봄 첫 시험 문제에다가 '교정에 피는 꽃 이름 쓰기', '교정에서 보았던 새 이름 쓰기'를 출제했던 일은, 같은 과 교사들을 적잖이 불편하게 했을 것이지만, 학생들에게는 새삼 '자연 친화'의 의미를 뇌리에 각인하는 역할을 했을 것이라고 자부해 본다.

아무튼 낙엽 흩날리던 가을에 특히나 아름다웠던 느티나무 삼거리 길은 떠나는 자에게 더욱 어울리는 길이었나 보다. 누구나 언젠가는 모두 떠날 것이고, 그 때에는 그 길을 다시 한 번 뒤돌아볼 것이기 때문이다.

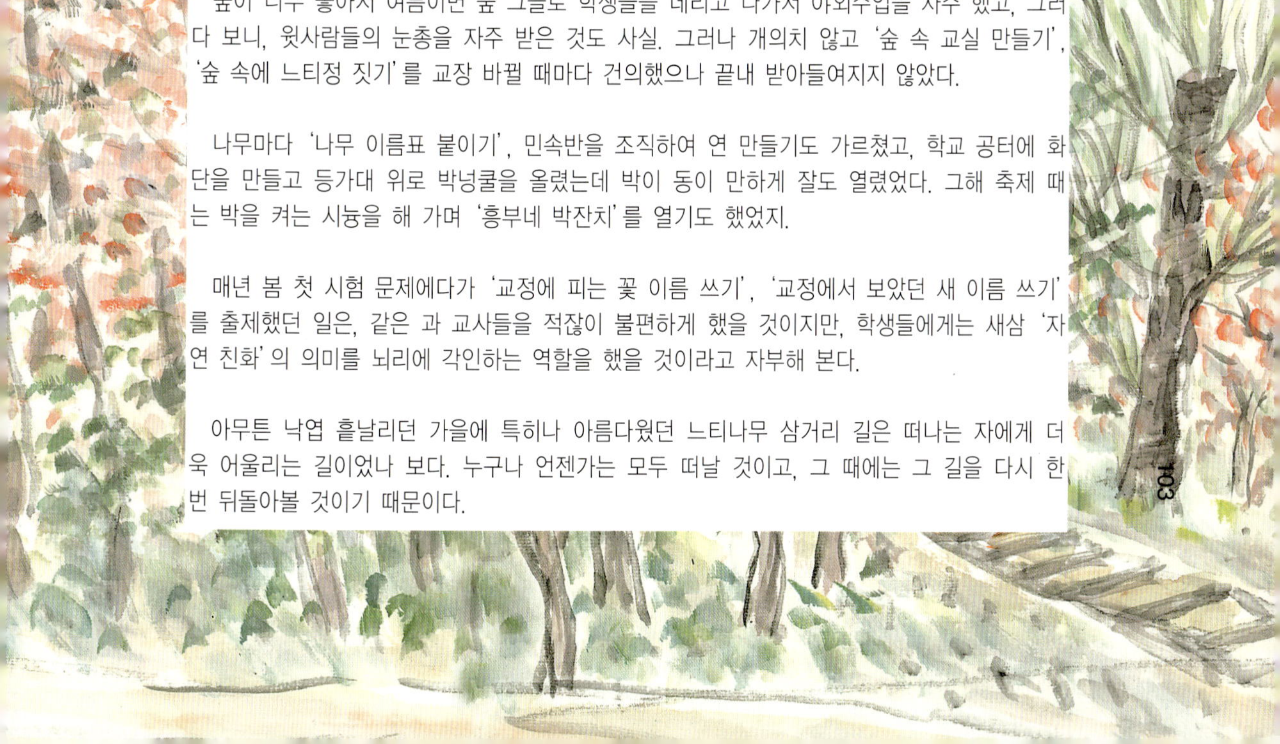

느티나무 언덕에서

- 홈커밍데이에 부쳐 -

누구든지 따뜻한 마음속에는
아트막한 고향 동산 하나씩 데불고 살지.
기쁠 때나 슬플 때나 가슴 설레며
노 저어 가서 잠시라도 머물고 싶은 곳.

우뚝우뚝 키 큰 낙엽송 울타리 속에
품 넓은 느티나무 몇몇 거느리고
오늘은 형형색색 만추의 단풍잎들이
마당 가득히 딩굴고 있는 곳,

젊음의 넝쿨들이 푸르게 물결치던
너희들의 마음 속 그 언덕 위에는 지금도
옛 모습 그대로 변함없는 벽돌집 하나
오늘 따라 얼굴이 환한 벽돌집 하나.

제각금 빛깔 다른 꿈들을 안고
강물로 바다로 떠나는 너희들의
이제 막 영글기 시작한 싱싱한 어깨 너머로
우리는 걱정 어린 눈길을 보냈다.

물결 사나운 바다 위로는 거리마다 돌멩이가 날고 최루가스가 물안개처럼 자욱하더니 선혈 낭자했었지. 사람과 사람 사이에서 더러는 사랑하고 분노하고 더러는 고뇌하고 인내하고 더러는 쌓고 허물고…… 그러나 끝내는 아무도 그냥 주저앉지 않았구나. 치열한 삶의 마당 한복판에서 헤매고 달리던 뜨거운 대낮, 땀방울로 지샌 밤은 또 몇 날 며칠이었더냐?

참으로 장하다. 그러고도 참으로 소중한 건
그 물살을 가르고 솟구쳐 오른 용기였구나.
멀고먼 시간과 공간을 넘어 근원의 자리로
귀소(歸巢), 귀소, 마침내 돌아올 줄 아는 지혜였구나.

차가운 북극해 빙원을 돌고 돌아
칠흑 같은 심해의 두려움도 떨치고
사나운 폭포수를 거슬러 올라서 오늘 이렇게
귀소, 귀소, 자랑스럽게 돌아온 연어들아.

이 동산에 오늘은 기쁨이 넘친다.
미완의 꿈을 안고는 홀연히 떠나서
꿈의 열매를 가득 안고 돌아온 너희들을
맞이하는 이 언덕은 참으로 행복하구나.

여기는, 가슴이 따뜻한 우리 모두의
아름다운 혼백들이,
그리운 마음들이
영원히 묻힐 곳이므로
영원히 빛날 곳이므로

까치들의 뜨거운 반란

1982년 9월, 건대부고에 부임한 때는 우리의 현대 역사상 중요한 분수령이 될 민주화 투쟁이 서서히 불붙어 가고 있었다. 사회운동조직에 소속되지는 않았지만, 윗사람들의 눈을 피해 데모 현장에도 여러 번 나가서, 전환기 속 격동의 생생한 현장 분위기에 참여하곤 했는데, 1985년 가을 어느 날, 한두 해 전에 졸업하여, 소위 명문대라는 S대, K대 등으로 진학한 똘똘이 녀석들 준길, 종만, 태선, 서기, 경태, 병진이 등 7~8명이 당시 풍납동 집을 찾아왔다.

입학한 지는 얼마 안 되지만 선배들로부터 투철한 이념교육을 받았음이 그들의 말투에서 곧바로 느껴졌다. 그야말로 싱싱한 풋내음이었지만 긴장하지 않을 수 없었다. 지난해 '일감호' 교지에 실린 '까치야 새벽 까치야'라는 나의 시 복사본을 내밀면서 '저희들의 이념적 지도자가 되어 주세요'하는 것이었다. 뜻 밖의 제안에 속으로는 무척이나 고맙고 대견스런 마음이었지만 내색하지 않으려고 무던히 애를 썼다.

교육 공무원 신분인데다 삼촌의 일로 인한 연좌제가 내게 아직 살아 있다고 생각하는 상황에서 나는 결코 수락할 수가 없었다. 속속들이 사정을 모두 이야기하기도 어렵고 해서 공무원 신분임을 내세워 사양의 뜻을 완곡하게 표했는데, 그들대로는 몹시도 서운하고 야속하기까지 했던 모양이다. 모두들 술에 취해서 꽤나 심술궂은 투정을 하기에 짐짓 강한 어조로 꾸짖어 사태를 수습하고는 돌려보냈다.

혈기왕성한 의기의 청년들에게, 혼탁한 사회의 한 구성원에 불과한 나를 스승의 한 사람으로 대하는 그들에게 나는 어떻게 행동하고 무엇을 보여줄 수 있단 말인가? 그들이 내뱉고 말았던 '행동하지 못하는 지성'이란 말이, 내게 너무 깊은 상처로 너무 오래도록 남지 않기를, 또 이런 갈등의 시대가 어서 끝나기를 간절히 바랄 뿐이었다.

그 후 똘똘이들은 천신만고 끝에 대학을 졸업하기도 하고, 제적되었다가 복학생으로 학교를 늦게 나오고서도 법조인, 사업가, 교수로 성장하고 있다는 소식이 들려왔다. 20여년이 지난 어느 날, 그 시대 그 동기들이 모두 모여서 「홈커밍데이」를 열 텐데 그 자리에서 낭송 할 시 한편을 나한테 부탁해 왔다.

며칠 밤을 고민하다가 마지막 하룻밤을 꼬박 새우고 나서야 이 시를 건넸다. 맨 마지막 연에 다가 '아름다운 혼백들이 / 그리운 마음들이 / 영원히 묻힐 곳이므로 / 영원히 빛날 곳이므로' 라고 표현할 수 있었던 것은, 여기가 나의 젊음을 기꺼이 바친 곳이기도 하다는 증좌(證左)가 되리라.

이 시화는 건대부고 교직원 테니스코트로 내려가는 길목에서, 봄마다 함박눈처럼 흩날리는 벚꽃비를 맞으며, 하도 가슴이 벅차서 즉흥으로 쓰고 그린 것이다.

2003년「스케치북」에서

까치야 새벽까치야

눈부시게 어지럽고 눈부시게 차가운 세월 속 희디흰 맨발이 시리거든 차라리 부끄러운 땅으로 오너라. 키가 커버린 사람들의 낡은 미움과 한숨과 눈물의 단단한 껍질들을 향하여, 손가락 끝에서 네 가슴 한복판까지 뜨거운 불 켜고 오너라. 까치야.

여기는 하늘의 무게와 땅의 무게가 너무 달라서 걸음 빠른 해가 종일토록 걸어서도 허공의 반쪽밖에 채우지 못하는 여기는, 다시 또 태어나도 하나뿐인 우리들의 땅. 어두워 숨찬 언덕바지에서 형과 언니는 울었다. 울면서 하늘 끝 어둠을 향하여 돌을 던졌다. 밤새도록 달려서 아침이면 모두 안마당 아픈 가슴에 떨어지던 돌멩이가 보이느냐.

까치야, 어디에나 세상은 한 동굴 속에 등 붙이고 사는 두 마리 짐승이길래, 아름다운 마음으로도 다 바라보지 못할 아름다운 얼굴과 미운 마음으로도 다 바라보지 못할 미운 얼굴로 가득한 것이냐.

그러나 이제, 미루나무 귀틀집 속에서 네 키가 더 튼튼히 자랄 동안, 아직은 네 가슴이 봉우리일 때, 네 발자국이 아직은 연두빛 실경이 새 순일 때, 아름다운 꿈 꾸는 사람에게만 부끄러운 이 땅, 오래오래 목말라 기다리는 이 땅으로 달려 오려므나, 새벽 까치야.

유별난 의미와 빛깔이 있는

'까치야 새벽까치야'는 , 1980년 중반 사회적 이념 대립양상이 나의 환경적 내재 요인과 함께 심적 갈등을 일으켜 시로 나타나게 했고, 이 시로 인해 당시 젊은이들과 나 사이에 또 한 번의 소용돌이가 일어났던 유별난 의미와 빛깔이 있는 작품이다.

1연은 어지럽고 폭압적이기에 부끄러울 수밖에 없는 현실상황을 외면하지 않는 까치들 - 젊은이들의 순수한 열정을 높이 평가하고 격려하려는 마음이다.

2연 전반부에서는 극단적인 이념 대립으로 인한 조국 분단의 현실을 대하는 젊은이들의 고뇌와 분노를 표현하려 했고, 돌을 던지는 행위 - 증오심의 무위성(無爲性)에 대하여 함께 괴로워할 수밖에 없는 기성세대의 아픔을 표현하려 했다.

3연에서는 젊은이들에게 극도의 증오심을 자제하고 상황을 좀더 냉정히 바라봐 주기를 당부하려고 했지만, 결과를 역시 회의적일 수 밖에 없었다.

4연 에서는, 너희들이 젊고 아름답고 순수하기 때문에 이 땅은 무척이나 너희들에게 부끄러운 땅이며, 나 또한 부끄러운 기성세대라는 고백을 한 것이다. 그러나 모순되게도 이 부끄러운 땅은 너희들의 순수와 열정을 원하고 있고, 그러기에 포기하지 말고 새벽을 향해 달려가라는 권고를 담았다.

위와 같이 풀어낸 작가의 의도를 당시의 까치 - 똘똘이들은 과연 어떻게 읽어내었을까? 2연에서 '밤새도록 달려서 아침이면 모두 안마당 아픈 가슴에 떨어지던 돌멩이'라고 쓴 것이나, 3연에서 '어디에나 세상은 한 동굴 속에 등 붙이고 사는 두 마리 짐승 - 두 얼굴'이란 표현은, 두 극단의 변증법적 화해를 통해 서로의 참 모습을 마주보며 인정해야 한다는 뜻이었는데, 이 말이 그들의 격한 감정을 진정시키기에는 당연히 역부족이었을 것이다.

실제로 그 당시 나는 개인적인 시민의 한 사람으로서, 직장 생활이 끝난 후 몰래몰래 시위에 참여할 수밖에 없는, 고뇌하는 교육자의 한 사람이었지만, 앞길이 구만리 같은 제자들을 무자비한 폭력 앞에 알몸으로 부딪치라고 거리로 등 떠밀어 보낼 수만은 없었다.

새들은 타임머신을 타고

- 20년 전에 졸업한 제자들을 만나다. -

어제는,
스무 해 전에 둥지를 떠난 새들을 만났습니다.
첫눈 내리는 공중에서 우리들은 한눈에 알아봤지요.

기억의
햇살이 비치고 있는 곳을 향하여
이륙(離陸) 기어를 조작하는 데는 몇 잔의 소주가 필요했습니다.

무한공중 속으로
과거를 향한 강하(降下)가 시작되었지만,
그것은 가볍고도 상쾌한 비상(飛翔)이었습니다.

'선생님한테 회초리 맞을 때 엄청 아팠어요'
'세월이 이렇게 고마운 줄 정말 몰랐다니까?'

내 낡은 어깨와
그들의 탐스런 날갯죽지가 부딪칠 때마다
은빛 색종이 같은 유성들이 창유리에 마구 쏟아져 내렸습니다.

타임머신은
꽤 오랫동안 불빛 깜박이는 우주를 배회하다가
기우뚱거리며 다시 지상에 내려앉았습니다.

하늘에는
아직도 올해의 첫눈송이들이 하늘거리고
땅 위에는 모양 다른 발자국들이 하나 둘씩 쌓여 갑니다.

평화의 축제
250×170cm
립스탑 천, 카본 댓살, 아크릴 물감

잊혀진 6.26의 그날 밤

1980년 5.18 광주민주화운동, 1982년 미문화원 방화사건에 이어 1986년의 건대사태로 불길이 옮겨 간 민주화 투쟁은 이미 급물살을 타고 있었다. 수업을 하다 말고 최루탄가스를 피해 손수건으로 입과 코를 가린 채 진압 헬리콥터의 굉음에 가슴을 조였다. 멀리 떨어진 본관은 물론 100여 미터 앞 학생회관 건물 등 6개 동을 점거한 채 마스크를 쓴 학생들이 구호를 외치고 있었다. 1200여 명의 학생들이 연행되는 대사건이었다.

1987년에 들면서 박종철군 고문치사 사건과 조작 은폐, 이한열군 중태 및 사망으로 인해 전국 18개 도시가 동시다발적으로 봉기한 것이 1987년 '6.10 민주항쟁'이었다. 이 날도 서울역에서 열리기로 되어 있었던 시민항쟁모임에 나갈 계획이었으나 예정에 없던 손님이 찾아와 뒤로 미루었다. 이 날의 항쟁은 그 열기가 대단했었다는 다음 날의 신문보도를 대하며 역사의 현장을 또 놓쳤구나 했다.

치열함은 점점 더해갔고 무언가 결판이 나지 않을까 우려와 기대가 교차하는 날이 계속되던 중, 6월 26일에 또 한 번 대규모 집회가 예정되어 있다는 소식을 듣고는 근무시간이 끝나자마자 버스를 타고 서울역으로 향했다. 오후 6시경 버스는 동대문역 그 안으로는 들어갈 수 없다며 손님들을 모두 내리라 했다. 남녀노소의 시민 수십 명씩이 떼를 이루며 서울역 광장을 향해서 종로, 을지로, 청계로를 따라 내려갔다. 나는 종로로 갔는데, 날은 벌써 어두워지고 대로상에는 대중교통이 거의 없이 어쩌다 경찰 백차만 사이렌을 울리며 닭장차 - 데모 진압용 경찰 수송버스 - 여러 대를 이끌고 시청 앞 쪽으로 달려가는 게 보였다.

시청 앞쪽으로 가려했지만 군중들로 꽉 메워져 가기가 힘들었는데, 광장 쪽에서 최루탄 터지는 소리, 지랄탄 - 연달아 터지는 최루탄을 이렇게 불렀다 - 이 후두다닥 터지는 소리, 구호 외치는 분노의 목소리, 헬리콥터 날개소리, 아우성들이 점차 가까이 오는가 싶더니, 주변 사람들이 뛰고 밀리고 하면서 순식간에 공포 분위기로 돌변하였다. 광화문 동아일보사 쪽과 시청 앞 쪽에서 소위 백골부대라 불리는 흰 헬멧에 청저고리 청바지 차림의 진압부대가 곤봉을 마구 휘두르며 군중들을 밀어붙이고 있었다. 그들한테 한번 붙잡히기만 하면 끝장이라는 얘기는 이미 정설이 되어 있었기에 그들을 보는 순간 미리카락이 뻣뻣해졌다.

숲이 헐리는 구나

영하의 하늘 가득히 눈바람이 분다.
목덜미부터 땅에 곤두박질치는 너의 몸서리.
대들보감 기둥감들이 단숨에 무너지고 있다.
연두색 봄날, 진초록 여름날 내내
하늘 가운데 그늘 짓고 살았던 식솔들이
낙엽 되어 잠깐 집을 비운 사이
대문마저 무너져 문패도 없어지고
깊은 상처마다 황토 구덩이만 남았구나.

뿌연 안개 헤치고 도시의 창을 열면
걸음마로 다가오던 연두색 잎새들.
녹음의 파도, 구르던 단풍잎, 눈부신 눈꽃
숲이 떠나는 구나. 정처도 없이
아침 햇살 빚어 올리던 부드러운 손길.
소쩍새 울음으로 도회의 밤을 유혹하던 그대.
지난 가을 낙엽되어 떠났던 너의 식구들이
정문도 부서지고 문패마저 없는 빈 터 위로
중얼거리며 다시 돌아올 텐데……

「2004년 스케치북」에서

숙직실 사건

나도 넥타이를 맨 채였지만, 군중의 절반 이상이 넥타이 부대였다. 퇴근을 하고 나온 시민군인 셈이었다. 어느 틈에 보도블럭을 깨어 공급하는 사람이 있는가 하면, 가로수 보호대 각목을 뽑아 든 사람, 백골단을 향해 동멩이를 던지는 사람들로 가득했다. 나도 함께 돌멩이를 던졌다. 살아남기 위한 방어 수단이기도 했다. 10여 명씩 모여서 '독재 타도, 독재자는 물러가라! '를 외치는 순간 아까의 그 공포감은 어느 틈에 사라져 버린 듯했다.

그러나 그것도 잠시, 50여 미터 거리를 두고 있던 진압대가 쏜살같이 한꺼번에 달려오기 시작하면, 군중들은 집고 있던 돌멩이를 냅다 던지고는 후퇴하기 시작한다. 큰 길 반대편에도 진압대가 있기 때문에 대부분 골목 안으로 재빠르게 도망칠 수밖에 없다. 한 참을 허겁지겁 담을 넘기도 하고 전봇대와 부딪치기는 다반사고…… 이 정도면 되었겠지 하고 숨 죽인 채 숨었다가 다시 살금살금 큰 길가로 나가다 보면, 벌써 어디서 나타났는지 아까 2가쪽에서 같이 돌을 던지던 그 사람들과 의미심장한 미소를 지으며 만나게 되는 것이었다.

"아까 함께 있던 아저씨는 도망가다 잡혀서 죽도록 맞는 거 같던데, 괜찮을지 몰라. 죽일 놈들 같으니라구"

분노와 증오는 서로 상승작용을 하여 대결의지에 불을 붙였다. 이렇게 밀고 밀리며 동대문 지나 신설동을 지나오니 대결상황은 소강상태를 유지했다. 그래도 큰 길에서는 곳곳에 불심검문팀이 움직이고 있어서 뒷골목, 뒷길로만 걸어서 대왕코너 앞에 오니 새벽 다섯 시였다. 거기서부터 버스를 탈 수 있었다. 출근시간에 닿기 위해서는 집에 들를 수가 없어 학교로 바로 갔다. 그리고는 숙직실에 가서 잠깐 눈을 붙였다.

누군가 흔들어 깨우는 바람에 놀라서 일어났다. 직장 상사였다. 엄격하기로 소문난 그는 매서운 눈으로 나를 노려보며 다그쳐 물었다.

"윤선생, 어제저녁 어디서 무얼했소? 바른대로 말하시오."

"네? 무슨 말씀이십니까? 생사람 잡지 마십시오. 어제 저녁에 친구네 돌아가신 아버지 문상 갔다가 밤 꼬박 새우고 조금 전에 왔습니다. 뭐 잘못 된 거 있습니까?"

다급한 김에 반격성 허언(虛言)으로 위기를 가까스로 넘겼다. 그러나 그분은 으름장만 놓고는 짐짓 그렇게 넘어가 주는 것 같았다.

정자나무 한 그루

- 교단을 떠나는 선생님께-

그 오랜 세월 동안
꿈꾸는 어린 나무들 속에
동그막한 정자나무로
서 계시던 선생님
하늘도 동산 숲도 오늘은
아쉬움에 더욱 푸릅니다.

그 오랜 세월 동안
당신과 함께 눈길로 주고받던
비장한 맹세의 시간도
빛나던 희열의 시간도
이제 지나갔습니다.

하지만 오늘 이렇게
지나간 명암의 시간들은
징검다리 놓이듯
오롯한 맹세이듯
다시 우리 앞에 놓이고
선생님은 우리 곁을 떠나십니다.

떠나도 정녕 떠날 수 없는
정자나무 언덕에서 오늘은
젖은 손수건을 흔듭니다.
선생님, 우리 선생님께
향기 높은 꽃다발을 드립니다.

우리집 강아지 시집보내고 왔습니다

숙직실 사건이 있은 후, 나에 대한 의구심의 눈초리가 더욱 심도를 더해 감을 느낄 수 있었다. 6.29 이후에도 사회 분위기는 여전히 냉랭했고, 그 해 가을쯤으로 기억되는 어느 날, 웃지 못할 코미디 한 장면이 또 다시 연출되고 말았다.

당시 우리 집엔 잘 생긴 진돗개 암놈 한 마리를 기르고 있었는데, 마침 암내 나는 그 진돗개를 시집보내게 되었다. 우리 집 지하실로 수놈을 데리고 와서 교미를 시켜야 하는데 하필이면 하필이면 근무 중인 평일 낮 12시 경으로밖에 시간이 잡히질 않았다. 아내에게 맡길 수는 없는 일이고, 하는 수 없이, 교무부장 결재도 못 받고 Y교사하고만 시간을 몰래 바꾸어서 집으로 향했다. 지하실로 가서. 신부감의 머리와 목줄을 잡고 신랑감을 맞이하는 일은 생각보다 난처하고 기괴하여, 도무지 외간남자-수캐 주인 앞에서 더욱이 여자가 할 일은 결코 아니었다. 눈알이 부리부리하고 덩치 큰 신랑감이 긴 혓바닥을 내놓고 침을 연신 흘리며 헐떡거리는 꼴을, 얼굴 가까이 마주 부딪치며 겪어야 하다니, 두 번 다시 할 일은 아니다 싶었다.

허겁지겁 돌아와 책상에 앉는 순간, 기다렸다는 듯이 상사가 불렀다.

"윤선생, 부장 결재도 없이 시간을 바꿔 가지고 어딜 갔다가 왔는지 바른대로 말하시오.",

"아, 네. 결재 받지 못한 건 죄송한데요. 무얼하고 왔는지 바른대로 말하긴 어렵겠는데요?", "무슨 소리요? 빨리 말하시오" 한참동안 실랑이를 벌였다. 주위를 돌아보니 교무실은 바짝 긴장한 채로, 10여 명의 교사들이 사건의 귀추를 주목하고 있었다. "그럼 말해도 되겠습니까?", "그럼 물론이죠", "정말입니까?", "네, 그럼요. 빨리 말하시오." "사실은 저···· 우리 집 진도개 시집 보내고 왔습니다. 시간이 그때밖엔 안 되고, 마누라를 시킬 일도 아니고 해서요····", "아니 무슨 그런 거짓말이 있소? 그러지 말고 바른대로 말해요. 나는 다 알고 있으니까." 그러나 '당신 데모하러 갔다 왔지' 이 말만은 꾹 참고 하지 않는 듯했다.

"네 좋습니다. 그렇게 못 믿으시겠다면, 저의 집사람을 바꿔 드리겠습니다." 그 자리에서 곧바로 전화를 걸었다.

"여보, 난데요. 학교 상사께서 오늘 점심시간에 있었던 일을 도저히 믿지 못하겠다고 하시는데, 당신이 있는 그대로 말씀 드려요." 전화기를 건네주었다. 몹시도 어색한 두 사람의 통화가 잠깐 동안 이루어졌다.

그런 일이 있고 난 후, 세월이 흐르면서 그분은 나를 어느 누구보다도 오히려 깊이 신뢰해 주었고, 좋은 일 궂은 일 가리지 않고 나를 이해해 주는 잊을 수 없는 후원자가 되었다.

바/람/앞/에/서/라

가는 곳이 어디냐

정육점이 보이는 길

끝없이 팽창하고 있는 빙하기의 허리 어디쯤에
덜미를 잡혀 있을까.

얼어붙은 근골과 수액 몇 사발을
철 고리에 꿰어 들고
올 진긴 심줄을 퉁겨 발돋움해도
온기 있는 땅의 가슴에 닿을 수 없다.

정육점에 가 보면
사각의 유리벽 속에
구석구석 밖으로 통하는 길마다
틈새를 메운 성엣발과
살아 있는 살기(殺氣)로 형광은 붉게 타지만
참 신기하게도 편안히
정물(靜物)로 떠 있는 푸른 살덩이가 보이지.

더 가까이 다가서 보면
깨어 있는 꿈과 잠든 몸뚱이 사이를
용케도 발 가누고 서 있는
우리들 이승의 별 하나도 보이지,

꽃들의 낮은 비명을 딛고 열리는 아침에도
아직은 하늘에 별이 살아 있고
옷깃을 스쳐 지나는 간빙기(間氷期)[주1]의 또 하룻날에

우리들의 살덩이는
고름과 진물과 엉켜 웃으면서
쉬 쓸 듯 유리벽 성엣발 속에 뒤를 묻고
질긴 껍질의 씨를 뿌려야 하는데.

누구나 생애에 꼭 한 번씩은
잊혀져 완전히 돌아눕기 위하여
미명(未明)의 대지에 뿌리는 흙 한 줌.

가지고 떠나는 자들의
버리고 떠나는 자들의 어느 재 한 줌도
온전히 섞여 다시 불타서
허공 끝 무극(無極)[주2] 밖으로
덜미를 풀어 던질 수 있을까.

주1) 간빙기(間氷期) : 빙하기 사이에 기후가 온화한 시대. 지금은 간빙기의 끝 부분임.
주2) 무극(無極) : 우주의 근원인 태극(太極)의 처음 상태

끈적끈적하고 아주 현실적인 시어

1978년 현대문학에 이원섭 시인 초회 추천을 마치고, 등단의 단계를 밟던 중, 편집진과의 불화 때문인지 한국문학으로 옮겨 가시는 바람에 - 당시 문협이사장 선거 후휴증으로 추측됨 - 현대 문학에서 추천 완료를 하지 못하고 대신 한국문학으로 가서 신인상 수상과 함께 등단의 마침표를 찍게 된 뒷사정이 있다.

스물아홉에 혼인하고서 6개월 간격으로 아홉 번 이사 끝에 수유동 4.19탑 근처에 40여 평짜리 집 한 채를 샀다.

세 살짜리 큰 아이를 아현동 처가에 맡겨 놓고 주말마다 찾아왔다가 월요일 아침에 우는 아이를 떼어 놓고 출근하는 일이 참으로 힘겹던 때였다.

앞서 '밤에 물 받기'에서 이야기 한 바와 같이 '한국문학'의 세 심사 위원은 다음과 같은 심사 후기로 나를 영예롭게도 어깨 무거운 시인의 길에 들어서게 해 주었다. 「윤고방 씨의 '밤에 물 받기', '정육점이 보이는 길', '겨울 주점에서'를 보면, 다루는 내용이나 말이 끈적끈적하고 아주 현실적이다. 그러면서 이미지를 다각도에서 모아 온 것들이기에 그것은 일종의 즐비한 종(縱)과 횡(橫)을 보는 느낌이다. 그만큼 촉수(觸手)를 어디든 뻗고 거기에서 어떤 질서를 향하는 길목으로 오려 하고 있다. 무엇이든 그의 손에 맡기면 어렵잖게 형상화된다. 그러나 그는 그러면서 한 편 한 편에 지독한 공력(功力)을 들이는 것이다. 그의 시에 대한 의연한 법도에 새삼 박수를 보내고 싶다. 머나먼 시의 행로에서 동행자를 발견하고 옷깃을 바로 잡는다.」

시문학계 대선배들의 이처럼 분에 넘치는 호평은 그 이후 내 인생살이에 있어 크나큰 용기와 자부심을 주었다.

처음으로 내 집을 가졌다는 가슴 벅찬 기쁨도 잠시 빚과 경제문제, 무엇보다도 친가 쪽의 얽히고 설킨 갈등문제가 나를 괴롭혔다. 거기에다가 성장 과정에서 나를 짓눌렀던 어둠의 응어리들이 술과 함께 망령으로 되살아나기 일쑤였다.

술에 취하여 비틀거리며 올라오는 완만한 언덕길 시장터에 정육점이 있었다. 붉은 빛 형광등의 조명을 온몸에 받으며 매달려 있는 저 고깃덩이가 바로 나의 모습은 아닌지. 철 고리에 꿰어져 공중에 매달린 채 닿고 싶은 땅을 향해 열망하고 있는 저 몰골은, 풀지 못한 고뇌와 방황으로 비틀거리는 나의 모습이라 생각되었다.

저기 앞 쪽에서 손짓하는 이상과 영혼을 '깨어 있는 꿈'으로, 뒤에서 미처 따라가지 못하고 질척이는 현실과 육신을 '잠든 몸뚱이'로 대체 시켰더니 다소 무리이긴 해도 한편으로는 제법 그럴싸하게 느껴지기도 했다.

간빙기(間氷期)는 현실적 삶이 우리를 위안하고 달콤한 사랑을 체험하게 하는 시간대지만, 결국은 소멸을 준비하는 숙명적 한 과정일 뿐이라는 생각에 닿는다. 그리하여 견고한 절대의 벽에 부딪혀 다시 무극(無極)밖으로의 초월을 꿈꾸게 된다. 나도 모르게 불교적 명상에게 나를 통째로 내 주었는지도 모르겠다.

이 시집 세 번째 갈래의 첫 번째 시로 이 작품을 실은 까닭은, 나의 인생 중간인 30대 초반, 가장 치열하게 삶에 부딪치고 고뇌하는 모습을 이 시가 매우 절실하게 보여 주고 있다고 생각되기 때문이다.

무유공간(無由空間) 1

우주 밖으로
무한히 번어가며
사위(四圍) 열린다.
멀고 먼 지평선 끝에
모서리가 보이지 않는
무허(無虛)의 시간.
투명한 유리벽 너머로
시조새[始祖鳥][주1)] 한 마리
부딪쳐 떨어진다.
바람의 손가락들이
핏자국을 지우고 있을 때
지상의 온갖 소리들은
침묵의 벽 위에 못 박히게 될 것이다.

주1) 시조새(始祖鳥) : 중생대 쥐라기에 생존하였던 조류의 선조. 조류와 파충류 중간 위(位)로 추정되며, 날개의 앞 끝에는 세 개의 발가락이 있음.

원인도 결과도 없는 무한 자유 공간

이 시집의 세 번째 갈래에는 나의 인생관-세계관을 좀 더 많이 담고 있는 시들을 가려 실으려고 했다. 사실 이런 식의 구분은 무의미할 수도 있겠으나, 편의상 독자에게 친절한 모습을 보이고 싶기 때문이기도 하다.

내가 살아가고 있는 현실에 대한 상황 인식이나 펼쳐진 세계에 대한 내 관점은 어떻게 형성되어 있으며, 무엇을 또는 어떤 모습을 지향하고 있는가? 감히 발설하기조차 어렵고 두려운 문제이긴 하나, 어차피 시(詩)라는 고달픈 행로에 들어 선 바에야 정면대결을 할 수 밖에 없지 않을까?

그러나 실제로 부딪치려고 생각하니, 시로서도 그렇고 산문으로도 그렇고 배움과 사고의 깊이가 턱도 없이 모자라서 그저 시늉만 하는 꼴이 될 것이란 사실만은 확실하다.

'무유공간(無由空間)'이란 연작시의 제목은 '무한 자유 공간', '무한 공간', '자유 공간' 등으로 고심하다가 오히려 조어법도 생소하고 사전에도 없는 '무유 공간'으로 낙착되었다.

내가 꿈꾸는 궁극적이고 이상적인 공간은 무한 자유 공간이기도 하고, 원인(말미암을 유:由)조차 없는 절대의 공간이기도 하기 때문에 중의적(重義的) 기능을 담아서 '무유공간(無由空間)'이라고 하기로 한 것이다.

무유공간(無由空間) 2

무대 위에서는
말 지우기가 한창이다.
춘향전이 끝나고
여인의 눈물이
안개로 흩어지고 나면
순백의 무지개가 뜰 것이다.

별 끝에서 별 끝까지
긴 긴 대각선으로
유성(流星) 하나 지나가도
그림자 지지 않는다.
객석의 진실은
시작부터 비어 있었다.

황금 없는 황금 휴가

1970년 여름은 유난히 뜨거웠다. 가슴 설레며 운 좋게도 쟁취한 경남방송국 취업이었다.

당장은 월급이라고 해야 교통비 정도밖에 나오지 않는 수습 PD였다. 그거 가지고는 하숙비는커녕 용돈으로도 턱없이 부족한 판국이었다. 빚잔치로 인해 어머니의 궁핍은 계속되었고 생활의 중압감은 조금도 가벼워지지 않았다.

그 당시 내가 터득했거나 실험 중이던 생존법은 꽤 여러 가지였다. 자기 최면으로 '괜찮다. 이만하면 해볼 만하다. 문제없다.'를 반복하는 법, 도서관에 가서 백과사전 속의 우주 사진을 보며 지구의 크기를 콩알만하게 축소시키거나, 무학산에 올라가서 마산항 너머 바다를 바라보며 하숙집 지붕을 아예 날려버리는 방법, 깡소주를 연거푸 마시고 한바탕 펑펑 울어버리는 방법 등이 수시로 동원되었으나, 마지막 방법만은 워낙 후유증이 심해서 역시 남에게나 '진정한 나'에게 권할 것이 못되었다.

나흘간의 황금 같은 휴가를 받긴 했는데 내겐 황금이 없으니 이건 오히려 갑절로 괴로운 거였다. 스레트 지붕은 화끈화끈 달아올라 단칸방 구석은 완전 찜통이었다. 다들 휴가에 바캉스에 아무도 없길래, 마당 구석 드럼통에 물을 가득 받아 놓고는 팬티만 입은 채 들어갔다 나왔다를 몇 번 반복했다. 몸도 몸이지만 찰랑찰랑하던 드럼통의 물이 쏴하고 넘쳐 콸콸 쏟아져 내리는 소리는 그야말로 시원스럽기 일품이었다. 한참 시원 삼매경에 빠져 있는데, 예정에 없이 일찍 귀가한 하숙집 아줌마가 저만큼에서 노기 띤 눈초리로 노려보고 있지 않은가. 황급히 수습을 하고 다시 한증막에 들어앉으니 이젠 아까보다 더 견디기 어려운 상황이 되고 말았다. 더 이상은 어쩔 수 없다고 작정하고, 읽고 있던 세계 사상 대계 한두 권을 배낭에 넣고 간단한 짐을 꾸려서 해가 어둑어둑할 무렵 무작정 집을 나섰다.

무유공간(無由空間) 3

낡은 액자들이
굴러 떨어진다.
공중에 흩어지면서
시 몇 편과
붓글씨 몇 점
그림 속 항아리 조각들이
꽃잎 되어 흔들리다가
마침내 먼지가 되어
날아 내린다.
끊어진 연줄 끝에
삼베 치마 저고리 입은
상주연(喪主鳶)[주1] 하나 떠 가고

주1) 상주연(喪主鳶) : 방패연 중에 방꾹지도 없고 위나 아래에 아무런 무늬도 빛깔도 없는 백지연. 상주가 입은 흰 옷을 연상케 하기에 붙여진 연의 이름.

지상천국으로 들어가는 길목

피서를 가겠다며 나왔지만 집 쫓겨난 아이 기분이 되어 한참을 서성거리다가, 일단 저녁을 간단히 사 먹고는 구마산역으로 행했다. 어디로 갈까. 그리 멀지 않고 한 번도 가보지 않은 곳. 문학의 밤 그때 날개옷 여인의 아픈 추억이 있는 곳. 진해 쪽으로 가자. 역 대합실 안내판을 두리번거리다 마침내 행선지가 정해지자 마음은 어느새 가벼워지기 시작했다.

마지막 기차라 그런지 손님도 몇 안 되고 열차는 몹시도 덜커덩거렸다. 성주사 간이역에 내린 순간 이건 완전히 낯선 이국땅이었다. 기차는 요란한 쇳소리를 내며 저 멀리 떠나 버리고, 한 순간에 정적과 어둠이 쏟아졌다. 하늘의 별들만 가득히 남았다. 역 앞 점포 아줌마에게 성주사 가는 길을 물었더니, 저 쪽 깊은 어둠 쪽을 가리키며 "십리는 실히 될 낀데, 이 오밤중에 우얘 갈라꼬' 하며 민박을 하라는 눈치다. 우선 성냥을 댓갑 사서 넣고는 길을 떠났다.

그리 좁지 않은 들길을 한참을 갔다. 들판 가득한 개구리 울음소리와 끝 모를 어둠 그리고 셀 수도 없는 하늘의 별들이 이루어 놓는 3중주는 참으로 신비스럽고 장엄한 것이었다. 거기에 내 발자국 소리가 있고 희미하지만 가까이 다가왔다가 저만큼 사라지는 산천이 있으니 여기가 바로 지상천국으로 들어가는 길목쯤이 아닌가 싶었다.

성냥을 그어 시계를 보니 자정쯤이 되었는데, 너른 들판은 끝나 있었고 오른쪽으로 얼핏 보니 꽤나 넓어 보이는 저수지 둑이 눈에 희끄무레하게 들어왔다. 그 때부터는 산비탈을 오르는 길이었는데, 나무들이 잔뜩 우거지고 한 쪽으로 잘 보이지도 않는 어둠 속에 깊고 푸른 저수지 물이 있을 것이고, 달도 없는 하늘이었지만 신비롭기만 하고 적잖이 위안이 되던 별들도 거의 보이지 않자, 어디선지 무서움이라는 것이 잔뜩 감겨들어서 가슴을 죄어들게 하고 있었다. 담배를 연신 피워 물고 성냥불도 자주 켜 댔지만, 어디서 바람이 불어서인지 오래 켤 수도 없었다. 조금 전 들길을 걸을 때의 그 천국 예감은 어디로 간 것일까. 사실은 그 생각을 돌이켜 낼 겨를도 없었다. 혹시나 하고 산 쪽을 살폈지만 절간의 불빛도 보이지 않고 옷은 어느새 끈적끈적한 땀으로 흠뻑 젖었다.

무유공간(無由空間) 4

푸른 사랑이라고만
이름 짓고 싶은
세월이 있습니다.
천둥 비바람 그친 후
피어오르는 뭉게구름으로만
그리고 싶은
풍경이 있습니다.

가슴이 터질 것만 같은
열락(悅樂)의 울음이
쏟아질 것만 같았던
그 꽃의 중심에
화살처럼 영원히
못 박힐 수는 없겠지요?

「2000년 스케치북」에서

살아 있는 신선도 한 폭

무서운 시골 밤길을 걸을 때면 어릴 때부터 하던 버릇. 양손에는 돌멩이 하나씩이 들려 있었다. 얼마를 올랐을까. 몇 번을 꼬불꼬불 이제 산 중턱은 거의 되었구나 싶었는데, 어디선지 저 산 아래쪽에서부터 이상한 소리가 점점 크게 들려왔다.

온 몸에 소름이 돋고 머리털이 곤두선 순간, 그것은 분명 인간이 만들어내는 기계음이었다. 자동차는 아닌 듯한데 일단 극도의 긴장감과 무서움이 조금씩 가시기 시작하더니, 잠시 후 눈앞에 나타난 것은 두 사람을 태우고 절 쪽으로 올라가는 경운기였다. 너무도 반가워서 사정 얘기를 하고는 맨 뒤쪽에 걸터앉았다. 산비탈을 한참 올라 경운기 주인집으로 가서 하룻밤 묵기로 했다. 빈 방이 없으니 어느 젊은 스님과 함께 자라는 것이었다.

인기척을 하고 방문을 여니 첫 눈에도 아주 반듯하게 생긴 나와 비슷한 또래의 젊은 승려가 앉은뱅이책상 앞에 앉았다가 뒤를 돌아다본다. 웬 인연인지 거의 밤을 꼬박 새다시피 하며 종교 얘기, 인생 얘기로 열띤 토론을 벌였다.

이튿날 아침에 일찌감치 성주사 법당으로 올라가 더없이 청정한 아침 절 분위기를 맛본 다음, 절 뒤쪽 계곡을 따라 전혀 인기척이 없는 데까지 높이높이 올라갔다. 작은 폭포 밑에 꽤 넓은 소(沼)가 있고 그 위쪽에 선경(仙境)에서나 보았음직한 너럭바위를 발견했을 때의 그 기쁨이란, 이미 절정의 문턱에 가 있는 듯싶었다.

눈이 부시지 않게 책만은 그늘에 펼치고 옷은 거의 다 벗은 채로, 일광욕을 즐기며, 살이 따끈따끈하다 싶으면 얼음 같은 물속으로 첨벙. 책 속에서는 동서양 현자(賢者)들의 달디단 가르침. 아 - 하는 감탄이 절로 나왔다. 신이여 고맙습니다. 조물주여 바로 여기에 계시는군요. 살아있는 신선이 있다면 바로 이런 모습이 아닐까. 배도 고프지 않았다.

시간도 공간도 한동안 정지해 있었다. 그래도 시간은 지나는지 그늘 속에 펼쳐진 책에 자꾸 햇살이 비쳐 들어서 자리를 조금씩 옮겨 앉았다. 정오가 좀 지났는가 싶었는데, 인기척이 났다. 오늘 새벽까지 열띤 토론을 벌였던 그 젊은 스님이 바위 앞에 서 있는 게 아닌가.

무유공간(無由空間) 5

날 좀 놓아주게.
한 열흘 쯤
아니 한 백날 쯤
날 좀 풀어주게.
낡은 바지를 꿰고 있는 허리띠며
닳고 닳은 구두끈들을 좀 끊어주게.
열려있는 책갈피마다
갇혀 있는 손자국들도 모두 지우고
열흘쯤은 울다가 웃다가
걷다가, 뛰다가, 연 날리다가,
미치다가, 활활 태우다가……
한 백 날쯤 뒤에는
한 줄기 바람되어 돌아오겠네.

「1999년 스케치북」에서

시간이 되면 내려올 줄 다 알고 있었소

그의 손에는 꽤 큼직한 주전자가 들려 있었고 뜻밖에도 그 속에는 뽀얀 막걸리가 가득 들어 있었다. 우리는 어느새, 스님이 웬 막걸리냐고 물을 만큼 세속적이거나 거북살스런 그런 부적절한 사이가 아니었다. 오늘 새벽까지 다 끝내지 못했던 어설픈 고담준론(高談峻論)에 막걸리잔까지 끼었으니 이젠 완전히 물을 만난 두 마리 고기요, 살아있는 신선도(神仙圖) 속 두 주인공이었다.

얼마나 시간이 흘렀을까. 햇살이 약간 빗겨 설 무렵인데, 저 아래쪽 물가에서 아까부터 우리 쪽을 흘깃흘깃 쳐다보는 사내가 하나 있었다. 꼬마 하나에 젊은 부인을 데리고 물가에 앉아 소주 한 잔을 하는데, '혼자 마시자니 기분이 안 난다' 며 반이 넘게 남은 소주 한 되 짜리 큰 병을 들고 우리 자리로 끼어들었다.

자신은 저기 산 너머 진해 해군기지에 근무하는 중사라고 밝힌 그 사내는 벌써 꽤 취해 있었다. 어쨌든 막걸리가 다 떨어진 판에 큰 소주병을 가져왔으니 환대를 할 수밖에 없고, 신선 둘에 하나가 더 그려지면 훨씬 더 멋진 신선도가 완성될 판이었다.

그런데 잠시 후 분위기가 급전직하(急轉直下)하기 시작했다. 그 중사의 얘기인즉 '아무리 고민이 많다 해도 스님이 술을 먹을 수 있느냐?' 하는 거였다. 난데없는 공격에 의협심 많은 내가 방어 겸 반격에 나섰다. 언쟁이 계속되다 보니 그 사내의 술 취한 입에서 '중놈 땡땡이' 란 말이 마구 튀어 나왔다. 참다 못해 나는 스님에 대한 의리상 결코 좌시할 수 없다고 생각하고 주먹을 날렸다. 그리고는 아래쪽 못 속으로 굴러 떨어진 채 물에 빠진 개꼴이 되어 한참을 싸웠다. 상대방이 꽤 단련된 대한민국 해군이었지만, 고등학교 때 틈틈이 배워 두었던 태권도, 유도 때문에 과히 기울진 않았다. 해군 마누라와 스님이 말려 일단 수습은 되었다. "그래 이문디 ×× 내일 한 분 두고 보제이. 내 부하들이 그냥 둘 거 겉나"

어둑어둑한 냇물가 돌길을 따라 그들이 내려간 후, 나는 꺼억꺼억 울면서 어둠 내린 산 속으로 깊이깊이 들어갔다. 시간이 꽤 흘렀는지 온몸이 쑤시고 떨리는 바람에 잠이 깨었다. 온통 칠흑 같은 어둠 속인데, 천신만고 끝에 물소리 들리는 곳을 따라 어제의 오두막집에 다다르니 사방이 훤해 오기 시작했다. 방문을 열자 그 젊은 승려는 하루 전의 모습 그대로 조금도 흔들림이 없이 앉아 있었다. "스님요, 친구가 이 모양인데, 좀 찾아 나서면 안 되는교?" "시간이 되면 내려올 줄 다 알고 있었소." 그는 뒤도 돌아다보지 않고 말했다. 대충 자리를 펴고 누우니, 어제 오전 중의 그 황홀했던 신선경과 어제 오후 '내일 두고 보자' 던 사내의 일그러진 얼굴이 오버랩 되어 나타났다. 잠시 후 나는 3일 일정의 피서를 이틀로 줄여 잡고 욱신거리는 온몸을 주무르며 꼬불꼬불한 산길을 터벅터벅 내려왔다.

무유공간(無由空間) 6

우리가 사는 세상은
아무리 생각해도 개판이다.
그래도 그 중에
내가 사는 세상은
아름다운 강아지판이다.
애지중지 기르는
싱싱한 잡풀 밭에서
나는 강아지들하고 논다.
시(詩) · 서(書) · 화(畵)에다가
도자기 · 연(鳶)이라는
귀엽고 잘 생긴 강아지들.

세상 사람들은 나를 보고
더러는 개판 인생이라 하도
더러는 잡탕 인생이라지만
나는 바깥 세상을 보고
그래도 참 아름다운 개판 세상이다.
웃으며 돌려주고,

밖에 나갔다 돌아오면
오직 당신만을 사랑해요.
당신 없인 못살아요.
신파조 사랑가를 불러대며
오줌을 줄줄 싸는 강아지 녀석들[주1] 과
나는 행복하게 산다.

주1) 오줌을 줄줄 싸는 강아지 녀석들 : 우리집에는 다롱이와 코코라는 이름을 가진 강아지가 두 마리가 있다. 특히 코코란 녀석이 하도 나를 따르길래, '소심'이란 별명을 붙여 주었다.

나를 허물없이 '예술 잡놈'이라고 불러 준 선배가 있었다.

"붓글씨 쓴다고 용을 쓰고 다니면서도, 한편으로는 그림 스승을 찾아 인사동 바닥을 헤매고 돌아다니더니 한동안 잠잠하다 했는데. 10년쯤 지났나, 이번에는 감히 도자기에 시 · 화를 한데 집어넣겠다고 설치지를 않겠나? 그러던 어느 날 불쑥 '윤고방 시도화집(詩陶畵集)'이라는 책을 한 권 들고 나타나더군. 참 고생했다 싶어 이젠 원도 풀었으니 제발 딴 짓거리 좀 하지 말고 한 우물만 파라며 등을 두드려 돌려보냈지. 훌쩍 떠나고는 또 10년쯤이 흘렀을까. 그러다가 문득 텔레비전 화면을 보니 집채만한 연에다가 시를 쓰고 그림을 그려 가지고 나타나지 뭔가? 생각해 보게 그러니 자네가 잡놈이 아니고 뭔가? 예술 잡놈. 이제부턴 제발 한 가지만 하게. 그래야 성공을 하지"

"형님. 한 우물만 파서 성공하라는 그 말씀이 너무도 고맙습니다. 그렇지만 처자식 굶어 죽게 해 놓고 천방지방 헛다리 집고 다니는 놈은 아닙니다. 단지 남보다 잠 덜 자고 술 덜 먹고 노름 끊고 담배 끊은 덕분에 좀더 열심히 사는 것처럼 보일 뿐이지요. 그렇지요 하나 더 있습니다. 마누라 말고는 여자도 모두 끊었습니다. 그러니 제발 이제부터 한 가지만 하라는 말씀일랑 제발 그만 두십시오. 제 팔자 제 운명은 제가 지고 갑니다. 한 번만 더 한 가지만 하라고 나무라시면 그때는 생사가판 결투를 신청할 테니 각오하십시오. 형님, 하 하 하!"

넓고 깊은 우물을 파라-속담의 편견에 싸워 이겨라

나는 결국, 오직 한 우물 파서 대박 성공에 다다른 무수한 외눈박이선배들의 근처에는 당연히 못가겠지만, 잡놈 기질에 충실했던 용감무쌍한 대선배들처럼 대성공을 바라기도 어려워 보인다. 왜냐하면 비겁하게도(?) 생활-가정-현실을 버리지 못했기 때문이다. 아직까지 도망가지 않은 마누라가 오직 고마울 뿐이다. 나는 그저 중상 수준 정도 – 따끈따끈할(?) 정도에 각 분야의 온도를 설정하고 마음 내키는 대로, 하고 싶은 걸 하고 살았고 앞으로도 이 길밖에 방법이 없다. 이것이 내 운명을 받아들이고 또 개척해 가는 길이기 때문이다.

전공이자 생활 수단인 국어교사, 남편 역할, 아빠 역할, 시, 서, 화, 도자기, 연(鳶), 바둑, 테니스 이렇게 열인데 지금은 어쩔 수 없이 절반으로 줄여 놓은 상태다. 그리고는 '이제 결코 새롭게 시작하는 종목은 없을 것이다.'라고 굳게굳게 다짐했다. 그런데 최근 나도 모르게 새로 시작하여 벌써 4년째 되는 신 개척 분야가 있다. 다름 아닌 농부다. 일요 농부. 열 가지 재주 가진 놈 조석 간 데가 없다는 옛말이 무색하게도 열 가지 일 벌여 놓은 놈이 무공해 쌈밥을 제 손으로 지어 먹고 앉았으니, 과연 속담의 편견에 싸워 이긴 것인가? 한꺼번에 땀을 너무 많이 흘려서 들어 눕는 일은 없어야 할 텐데…… 시대착오적 잡탕 예술-퓨전 아트의 뿌리가 땅 속 깊이 벋어 내리길 간절히 빌면서 밭을 넓고 깊게 갈고 있다.

무유공간(無由空間) 7

선잠 깨어 길거리에 나서면
세상은 온통 음화(陰畫)[주1]로 변해 있다.
알맹이들은 모두 어디로 떠났을까.
그림자만 남은 아파트와 자동차들.
거리에 넘치는 사람들은
봉산탈춤 추는 영특한 소무(小巫)들[주2]
눈 코 입이 없는 백지장 얼굴로
겹쳐 지나는 화면들이다.
뛰는 가슴들은 모두 어디로 갔을까.
박제된 눈동자 하나씩을 물고
도시의 새들이 공중을 선회하고 있다.
거대한 음화(陰火)[주3] 한 줄기
동쪽 하늘에서 서쪽 땅 끝으로 내려온다.

주1) 음화(陰畫) : 사진에서 건판(乾板)에 감광(感光)작용으로 나타난 화상(畫像). 원판(原板)
주2) 봉산탈춤 추는 영특한 소무(小巫)들 : 해서지방(황해도)에 분포된 탈춤 중 하나로 19세기 말 이래 해서탈춤의 최고봉을 이룸. 소무 : 제 4과장 노장춤에 나오는 지조 없는 미녀. 주3) 음화(陰火) : 도깨비불

나는 한 번도 아파트에서 살아 보지 못했다.

도시와 문명에 대한 거리감은 어디서 오는 것일까? 도시 문명의 속성은 과연 무엇이길래 나에게는 거부감에 가까운 거리감을 느끼게 하는 것일까? 1시집의 「서울 풍경화」에 등장하는, '진통하는 산부의 발바닥에 / 쟁기질 하는 불'이나 '네온사인을 싸고 도는 불나방들이 / 단내 나는 바늘들을 등어리서 뽑아낸다.' '그늘일수록 파랗게 목타는 눈빛. / 낱낱이 살과 털을 발라낸 빌딩' 등의 표현은 젊은 시절 열기 띤 나의 시각에 붙잡힌 도시의 모습들이다.

2시집의 '무유공간 7'에 보이는 시행인 '세상은 온통 음화(陰畵)로 변해있다.' '그림자만 남은 아파트와 자동차들' '눈 코 입이 없이 백지장 얼굴로 겹쳐 지나는 화면들'과 같은 표현은, 전자에 비해 강렬함과 현장감을 줄이는 대신에, 목소리를 가라앉히고 현상보다는 본질적인 문제에 접근하려 한 것이다.

도시가 인간에게 부여하는 편리성, 안정성, 물질적 충족감, 합리성, 서구적 세련됨이 긍정적 이점이라면, 위의 이점들이 과잉일 때 자연과의 대척점에서 생겨나는 비인간성, 순간성, 파괴적 성향까지도 감수하지 않으면 안 될 것이다.

나 역시 도시가 지닌 달콤한 이점들을 특별히 마다할 이유가 있겠는가. 상대적으로 비인간성, 순간성, 파괴적 속성에 좀더 민감할 뿐이며, 이의 극복에 대하여 도덕적 의무감을 가진다고나 할까. 그러면서도 나는 도시 생활을 50년 이상 해 왔고, 앞으로도 그 영향권에서 크게 벗어날 수 있을 것 같지가 않다.

단지 내 집을 지니고 산지 35년 동안, 도시 생활의 총아이자 상징 공간인 아파트에서 한 번도 살아 본 적이 없다. 재테크에 둔감하거나 능력이 부족한 점도 있겠지만, 굳이 아파트에 살지 않고 덜 깔끔하고 덜 편리한 단독주택에서 내 땅을 밟고 살더라도, 뭐 그리 큰 손해를 볼 일은 아니라는 담담함도 분명히 있는 것이다.

그러나 요즘에 와서는 고개를 조금씩 갸우뚱할 때가 있다. 개인 힘으로는 어쩔 도리가 없는 막무가내 이웃들, 예를 들자면 고성능 마이크 행상들. 점점 더 발전하는 고품질 기계음으로 동네를 온통 소음의 도가니로 몰아넣고도, 생계 수단이기에 당연하다고 생각하는 사람들. 귀마개를 하고 살다가 살다가 이제는, 서민 생활 여건 개선을 구호로만 떠들 뿐, 무감각한 행정 공백지대를 피해서 과연 어디로 갈 것인가로 고민할 때가 자주 있다.

싸움판 이야기 1

어떤 사람들은 세상살이를 투쟁이라 하고
누구는 아름다운 시 쓰기도 전쟁[주1)] 이라 하더라.
마누라는 십년 묵은 병마[주2)] 와 싸우고
나는 평생 이름 없는 사랑과 씨름하다가
끝내는 하나뿐인 목숨과 눈싸움을 할 것이다.

현미경을 들어다보면
어둠에 부딪는 빛줄기의 알몸뚱이들.
망원경을 들여다보면
백기를 흔들며 블랙홀의 수렁 속으로 쏟아지는 별들.

나는 남루한 생활과 혈전을 벌이다가
눈물과 한숨과 우정을 나누다가
시를 만나면 시와 싸우고
그림을 만나면 그림과 싸우고
세월과 만나면 세월과 싸운다.

노을이 지면
세월도 익을 만큼 익어서
싸움이 달다.
싸움을 꿀꺽 삼켜 버리니
이제사 인생이 더 달다.

주1) 아름다운 시 쓰기도 전쟁 : 황금찬 시인(85세)은 2007년 8월쯤인가 중앙일보 기자와의 어느 대담자리에서, 자신의 삶은 시와 치른 한바탕 전쟁이었다고 회고함. **주2) 십년 묵은 병마** : 아내는 10년 전부터 IGA사구체 신염을 앓고 있다. 요즘은 더욱 심해져서, 혈액 투석만은 하지 않고 지내야 하는 데 하면서, 가슴이 조마조마할 뿐이다.

결코 한 가지만 하고 살 수가 없다.

세상에 어디 한두 가지 역할만 하고 사는 사람이 있을까마는, 적어도 열 가지 넘는 분야를 거의 동시에 남보다 더 열심히 하겠다고 마음먹는다면 그것은 결국 욕심일 테고, 인생 실패의 전주곡이 될 터이다. 굳이 특출하게 잘하려면 한 생애 가지고는 부족할 것이 불을 보듯 뻔하다. 그런데 사람들 중에는 드물긴 하지만 그런 얄궂은 운명과 평생 맞서 싸워야 하는 족속들이 있다. 이들이 특히 어렵게 싸워야 하는 까닭은 대부분의 세상 사람들이 이들을 이해하지 못하기 때문이다.

다행히도 'MBTI 성격유형'[주1]이 세상 사람들이 가진 무서운 편견의 벽을 허물고 있다.
상담교사 자격증을 받는 과정에서 밝혀진 나의 성격 유형은 ENTP, 외향적 직관형이며, 창의자, 활동가, 능력가, 해결사에 해당한다.

'독창적인 혁신가이고, 복잡한 문제 해결에 뛰어난 재능을 가졌으며, 지칠 줄 모르는 에너지를 가지고 끊임없이 새로운 관심사에 눈을 돌리며, 잇따른 새 프로젝트 를 시작하는 가운데서 에너지 충전을 받는다. 그러나 일상적이고 세부적인 일을 경시하고 태만하기 쉽다. 새로운 도전이 없는 분야의 일에는 흥미가 없다.……'

제일 가까운 사람부터 제일 먼 사람까지 '제발 한 우물만 파라'고 실로 아우성일 때 참으로 세상은 디딜 데가 없고 버티고 설 데가 없었다. 이처럼 절박할 때, '너는 바로 이런 사람이야, 이 길을 갈 수밖에 없어'란 말은 그저 생명수요 복음이 아닐 수 없었다. 영험한 점괘처럼 나를 꿰뚫어 보는 성격검사 결과지 앞에서 소리 내어 울고 싶었다. 내가 부장으로 있던 진로상담실은 MBTI 분석 연구실이 되었고, 나는 MBTI의 수호자, 신봉자가 되었다.

'싸움판 이야기' 속의 '싸움'이란, 사실은 모두 자신의 어느 요소들과 대결하고 극복하는 구조다. 싸움의 대상이 여럿 등장하지만, 가시적인 바깥 적군은 사실상 모두 허상이고, 마음 속에 있는 적군은 눈에는 보이지 않지만, 난공불락을 고집하는 자기 자신이며 오히려 실상(實像)이라는 생각이다.
히틀러의 「나의 투쟁」이 보여 준 독일민족우월주의. 반민주주의, 반유대주의의 광기 어린 배타주의적 싸움과는 판이할 수밖에 없으며, 그의 난해한 장광설에 현혹된 추종자들의 어리석은 신념과도 전혀 무관한, 구도자(求道者)의 「싸움판 이야기」임을 분명히 밝혀 놓는 일이 기우(杞憂)가 되었으면 한다.

주1) MBTI 성격유형 : 심리학자 칼 G 융 (C.G.Jung)의 심리유형론을 근거로 하여 고안된 자기보고식 성격유형지표로서, 현재 각 분야에 걸쳐 널리 선호되는 프로그램임. (MBTI는 Myers – Briggs Type Indicator의 약자)

싸움판 이야기 / 40×30cm / 화선지에 채묵

건망증 천국

'우주가 보이는 창가'는 지상의 세계를 단지 외면하고 회피하려는 장소가 아니다. 그 창을 통해서 우주라는 무한히 열린 공간을 구체적 현실로서 목도(目睹)하고, 우주를 내 삶의 일부로 흔쾌히 받아들이는, 지극히 신비스럽고 행복한 순간을 체험하는 장소인 것이다. 이 과정에서 생활 현실이 주는 크고 작은 고통, 고뇌는 봄눈 녹듯 사라지고 만다. 나의 존재가 극미한 존재이기 때문만이 아니라, 신비롭고 아름다운 우주를 재발견한 기쁨 때문에라도 나는 행복해질 수밖에 없는 것이다.

일제 강점기라는 미증유의 고난 속에서 많은 지사와 시인들이 밤하늘의 별을 헤아리며, 기약 없는 미래에 대한 암담함을 달래었던 것도, 위와 같은 '우주 인식에 의한 고뇌 인멸 작용'을 터득했던 결과가 아니었을까 감히 추측해 본다. 적어도 나의 경우는 이러한 '우주 체험 효과'라고 할 만한 '시야 넓히기'를 통해 매우 어려웠던 순간들을 무수히 견뎌내었다.

이와는 좀 다른 얘기가 되겠지만, 내게 있어서 '건망증'은 특별한 의미를 지닌다.

소년시절, 어머니와 함께 살던 얼마 안 되던 기간 동안에 나는 학용품, 신발, 옷가지, 그 중에서도 집 열쇠를 특히 잘 잃어 버렸었다. 부산 서대신동 비탈 동네 계단밭을 오르내리며 신나게 전쟁놀이를 하고 어두워서야 집에 돌아오면, 돈벌이 나간 어머니는 아직 돌아오시지 않고 문은 당연히 잠겨 있다. 다섯 번에 한 번 정도는 열쇠가 없다. 주머니를 아무리 뒤져도, 놀던 데로 다시 가서 깜깜한 땅바닥을 아무리 헤매고 돌아다녀도, 어머니의 꾸중소리만 머리에 가득히 맴돌 뿐이다. 그때 그 밤하늘은 어찌 그리도 낮고 캄캄하던지. 그러나 이것은 지극히 행복했던 '놀이'에 집중했기 때문에 빚어진 약간의 부작용에 불과한 것이었다.

혼인을 한 지 일 년쯤 지났을까? 맞벌이를 위해 새벽밥을 해 먹고는 이제 도시락과 가방을 챙겨야 할 시간. 그런데 갑자기 아내가 고함을 지르면서 내 팔을 잡아 젖히는 게 아닌가. "도대체 뭐 하는 거예요? 지금." 아내의 목소리는 놀라 떨리고 있었다. 나는 가방을 싸다 말고 도시락을 풀어서 서너 젓가락 째 먹고 있었던 것이다. 나 자신도 흠칫 놀라서 가슴이 마구 뛰었다. 내가 무슨 큰 병에 걸린 건 아닌가? 며칠 후 의사를 찾아 상담을 했다. 그럴 수 있는 일이니 너무 걱정하지 말라는 의사의 말이 참으로 고마웠다. 그러나 나중에 곰곰 생각해 보니, 오늘 새벽까지 몰두해 쓰고 있던 시구절을 머릿속에서 한참 굴려대고 있었던 것이다. 몰입 속에서 내가 추구하는 지상 천국은 항상 짧은 시련만을 안겨 주었다.

K고등학교 재직시절, 하루 저녁에 두 사람씩 숙직 근무를 하던 때였다. 마침 저녁 식사를 하려던 참인데 꽤 오래전에 졸업한 제자로부터 전화가 왔다. 하도 반가워서 동료에게 양해를 구한 다음 학교 밖으로 나와서는, 식사와 함께 술 몇 잔을 하고 헤어져 집으로 돌아와 한 잠을 잘 잤다. 숙직하던 사람이 돌아오질 않자 동료는, 수소문 끝에 하는 수 없이 집으로 실종 신고(?)를 한 것이었다. 그런데 실종된 숙직교사가 집에 가서 잠을 자고 있다니, 이런 직무태만이 어디 있겠는가? 그래도 평소에 쌓아 놓은 건망증 경력 때문에 그럭저럭 넘어가긴 했지만, 본인으로서는 더욱 난감하지 않을 수 없는 노릇이다. 단지 '몰입', '집중'이라는 행복 천국 입장권을 결코 놓치고 싶지 않은 마음뿐이다.

싸움판 이야기 2

아내의 퉁퉁 부은 종아리를 밤새 주무르며 나는 격투를 한다. 격투가 지루해지면 케이블 티브이 채널[주1]을 돌린다. 격투기를 본다. 채널을 돌리는 순간 세상은 거추장스런 껍질을 벗는다. 등장 선수들도 모두 옷을 벗고 있다.

천만 화소의 씨줄날줄이 전방위(全方位)로 포위한다. 우리는 이미 착시(錯視)의 도로다. 즐거운 내던짐이다. 고달픈 끌어당김이다. 무대 안에서 밖에서 우리는 만난다. 부딪친다. 한 방 멕인다. 자빠진다. 유혈 낭자하다. 조명들이 아우성치다가 마침내는 비명을 지른다. 승자의 땀방울이 피로 얼룩진 매트를 적시고 패자는 눈물로 승자의 땀방울을 씻어낸다.

고성능 마이크가 숨을 멈추었다가 다시 환호한다. 승자와 패가가 무대 한가운데서 등을 어루만지며 볼을 비벼대지만, 오직 한 사람의 손만이 눈부신 조명의 칼날 위로 올라간다. 칼날 위에는 승자에게만 바치는 티라노사우르스[주2] 의 이빨 자국이 선명하다. 우리는 모두 착시의 포로다. 즐거운 티라노사우르스의 포로가 된지 오래다.

나의 무대에 조명은 없다. 환호성도 없다. 단지 낭자한 핏자국과 환청(幻聽)의 박수소리가 귓가에 울릴 뿐. 오늘도 아내의 퉁퉁 부은 종아리를 밤새도록 주무르며 격투를 한다.

주1) 케이블 티브이 채널 : 일정한 규칙에 따라 태권도, 권투, 유도, 킥복싱, 가라데, 유술 등의 각종 격투 기술을 허용하는 이종 종합격투기 스포츠 채널. 단체로는 K-1, 유에프씨가 있다.

주2) 티라노사우르스 : 쥐라기에 살았던 가장 포악한 것으로 알려진 육식 공룡

최초의 직장생활은 자기 최면으로 시작되었다.

첫 번째 직장은 마산 한일합섬주식회사 전기보전과 기사. 도무지 적성이 맞지 않는데다가 일주일 단위로 8시간씩 3교대라는 살인적 근무 조건이 나를 울렸다. 경남대학교 1학년 재학 중이었으니 강의는 절반도 채 못 들을 형편. 꼭두새벽 다섯 시 통근버스를 타지 못하면 그 날은 결근이다. 절체절명의 위기, 네 시에 일어나기 위한 필사적인 노력과 눈물겨운 시행착오 끝에 도달한 것이 자기 최면술이었다. '자기 최면술'이란 책을 읽고 또 읽었더니 이런 자기 암시 주문이 모방 반, 창의 반으로 만들어졌다.

'나는 잠든다. 편히 잠든다.····〈여러 번 계속〉····나는 내일 새벽 네 시 통금 해제 사이렌 소리를 듣고 벌떡 일어난다.' 주문이 끝났나 싶은 순간에 거짓말처럼 벌떡 일어나졌다. 저 아래 바닷가 쪽 마산시청 건물 꼭대기에서 울리는 사이렌 소리가 길게 여운을 남기며 하강하고 있는 게 아닌가. --웅-우-오-으--- 그 부드러운 금속성 여운이 지금도 귓가에 울리곤 한다. 그 후 자기 최면은 내 고달픈 인생살이 고비고비에서 장대높이 뛰기 선수의 기나 긴 장대처럼 전가(傳家)의 보도(寶刀)가 되었다.

'나는 강한 사람이다. 강한 사람이다. 이 정도 어려움쯤이야 반드시 이겨낸다. 반드시 이겨낸다.'

대학 3학년 때, '학창 문방구' 사장 6개월. 홀어머니의 두 번째 빚잔치 소용돌이 중에 자금을 조달해서 학용품점을 차렸지만, 문 닫는 날이 더 많아 결국 신용불량으로 낙인찍힌 채 참담하고도 의미 있는 실패를 치렀다.

1971년쯤인가, 경남방송의 수습 PD를 거쳐 편성부 PD 생활 약 반 년, 겉보기엔 너무 그럴 듯하고 화려했지만, 대중문화의 시녀 노릇하기가 만만치도 않았고 만족스럽지도 못했다. 그 당시 잘 나가고 있던 배우 김희갑, 코메디언 송해, 가수 나훈아, 김세레나 등 대중적 우상들과 덜커덩거리는 비포장 시골길을 무개 트럭에 올라타고 밤새 달려서, 삼천포 고성 등지로 군민 위안의 밤 잔치판을 돌아다니며, 유랑극단을 방불케 하던 장면들은 잊혀지지 않는 추억거리가 되기도 했다. 그러나 나는 대중문화와의 맞부딪침에서 패배를 인정하고 교직생활 쪽으로 방향을 선회했다.

'싸움판 이야기 2'에, 나의 청년기 초반 사회진출이 시작되던 시점의 에피소드를 도입한 것은, 결국 인생이란 자기 밖의 사회 환경과 외부세계에 대하여 얼마나 바람직한 자아 형성과 능력 배양 그리고 극복을 이루었는가에 대한 보상이거나, 인과관계의 상황 논리에 따라 결정되는 것이라는 생각 때문이다.

싸움판 이야기 3

한도 많은 모래판에 장대 한숨 뿌리더니 씨름판을 짊어지고 밖에 나가서 잘도 싸우는 만이[주1] 는 머니도 잘 벌고, 섬나라 혼(魂)이라면서 훈도시 차고 나온 허깨비[주2] 를 세 번씩이나 때려 잡는 조선 도깨비 노릇도 아직은 2프로 부족이다. 투사다운 밴너에겐 아빠가 얻어맞을 때마다 고운 눈물 흘려주는 국화빵 찍어 놓은 효녀가 둘씩이나 되더구먼. 만이의 밥솥이 된 밥샙은 쳐다볼수록 즐거운 사나이지. 험상궂은 표정으로 짐승소리를 질러 대지만, 선수들 중에선 그래도 제일로 귀엽지 않나?

북국의 황제 효도르의 얼음 주먹 앞에 바둑판 무늬 팬티의 사나이 크로캅 말고 누가 감히 나서겠는가. 계산 빠른 관객들은 자기 앞길을 가로막는 악당들을 그 북극곰의 무자비한 발톱 앞에 끌어다 놓고는, 액션영화의 클라이맥스 장면을 값싸게 찍고 있을 테지. 현해탄을 사이에 두고 절치부심하는 성훈이만 보면 자꾸만 왜 눈앞이 흐려지나. 대리석 깎아 놓은 강, 믿음 가는 동식, 가볍게 출발한 영현이를 아마도 장차는 무겁게 봐야 할 걸. 이긴 아츠도 진 세포도 모두 용사 중 용사일세.

당신은 지금 어느 놈의 면상을 노리고 있나. 코치 말은 잘 듣고 시간과는 또 얼마나 잘 싸웠나. 당신의 참을성 말일세. 팔뚝 힘만 믿었다간 매트 위에 큰 대자로 눕기 십상일 텐데. 천금 무데길 노린다구? 회전의자? 집 한 채, 사랑, 목숨, 그래도 아니라면 속 깊은 눈물 한 줄기? 참으로 믿을 수 있는 진실 한 모금인가?

그러나 진정 이기고 싶다면, 잔뜩 독기 오른 당신의 면상부터 한 방 갈기게. 번갯불이 번쩍 하면서 육신 알맹이가 비명을 지르며 쓰러진 뒤, 당신의 껍데기 육신 한 쪽 손이 들끓는 조명 위로 솟아오를 테니.

주1) 만이 : 씨름 선수에서 격투기 K1으로 전향한 최홍만 선수를 가리킴. 이 시에 등장하는 모든 선수 이름 쓰는 방식을, 성도 안 붙이고 이름자의 맨 뒤 자만 썼기 때문에 본인들에게 결례가 될지도 모르겠으나, 운율과 읽는 재미를 위한 것이므로 양해를 바란다.

주2) 훈도시 차고 나온 허깨비 : 일본의 스모 영웅 요코즈나를 지낸 아케보노. 최보다 K1으로 먼저 전향했으나, 연전연패하고 있음.

정직한 시선과 삶의 근원적인 참모습은

'싸움판 이야기 3' 속에, 실제로 무대에 등장하는 선수들 이름까지 과연 넣어야 하는가 하는 문제로 많은 고민을 했다. 파격을 즐기는 본성을 어쩔 수 없는 데다가, 그 장면을 실감나게 떠오르도록 하기 위해서는 불가피한 선택이라고 생각했다.

또 한편으로 최근 뉴스에 의하면, 청소년폭력예방협회가 행사장 앞에서 시위를 했다고도 하는데, 교육계의 일선에 몸담았던 사람으로서 망설임이 없지 않았다. 하지만 현상을 바라보는 좀더 정직한 시선과 삶의 근원적인 참모습을 탐색하는 과정에서는, 서로 다른 관점을 용납할 수 있어야 한다는 신념에서 이 시를 싣게 된 것이다.

또한 '섬나라 혼(魂)이라면서 훈도시 차고 나온 허깨비' 란 표현은, 타 국가 , 타 문화에 대한 배타감이 느껴질 만한 것이겠는데, 사실 꽤 의도적인 표현이다. K1이 종합 격투기를 선도하며 새로운 스포츠 문화를 개척해 가는 점은 인정되지만, '일본혼', '사무라이 정신' 의 확산 의도가 표면화하기 일쑤여서, 이미 시작된 군국주의의 부활을 당연시하는 국제 분위기에 편승한, 어릿광대짓이 아닌가 의심되기도 하기 때문이다. 그런 면에서 K1보다 한층 색깔이 짙었던 '프라이드' 가 불법 폭력단체의 배후 조정설로 인해 지상파 방송의 외면과 함께, 최근 문을 닫게 된 것은 당연한 귀결이 아닌가 생각된다. 이 일로 하여 '일본의 양식이 아직 살아 있구나' 하고 안도해도 될 지는 아직 잘 모르겠지만.

뒤쪽으로 나의 두 번째 시집 맨 끝에 싣는 글(p143, 145, 147)은, 꽤 오랜 옛날에 썼던 '바람 앞에 서라' 란 제목으로 마산 동인수필집에 실었던 수필이다. 스물다섯 살 젊은 나이에 생각했던 세계와 거의 40년이 지난 오늘에 느끼는 세계는 얼마나 닮았으며 얼마나 변모했을까, 궁금하기도 해서 닫아 두었던 뚜껑을 열어 보았다. 역시 내 젊음의 전장(戰場)에선 홍진(紅塵)이 뽀얗게 일고 있었다.

독도의 마음 / 50×50cm / 화선지에 수묵담채

바람 앞에 서라

내 생애 최초의 알몸으로 서있고 싶다. 그 거센 비바람 앞에. 땅의 온갖 것들을 휘몰아 가는 통행금지 직전의 겨울 하늘은 까맣게 울부짖으며 사방에 가득 차 있고, 무서움이 어깨를 내려와서 등 골짜기를 타고 가슴으로 내려왔다.

뿌연 밤안개 속에 시내의 불빛은 흩어져 버렸고, 바닷물을 깎아 올리는 듯한 금속성이 온몸을 쓸었다. 온 세상에서 몰려온 낙엽들이 떼거지로 몰려다니고 부러진 팔을 흔들며 비명을 지르는 나무들이 보였다. 아 여기가 태풍 회오리의 한가운데로구나 싶었다.

'태풍경보를 발령합니다. 중심기압은 745 핵토파스칼, 초속 30미터의 강풍이 예상되며……'

몇 시간 전 태풍주의보를 들으며 막걸리를 퍼 마시기 시작했으니 지금쯤은 태풍경보가 울릴 차례인데, 아까 그 사이렌 소리가 태풍 경보였나? 비틀거려선 안 된다, 넘어져서는 더욱 안 된다는 희미한 의식만으로 산을 올랐다. 마산항을 품에 안고 진해만 쪽을 바라보고 서 있는 캄캄한 어둠 속의 무학산 기슭을 올랐다. 한참을 올랐다 싶었는데 뒤를 돌아다보니, 저 만큼 아래쪽으로 마산항의 불빛들이 요란한 바람소리와 빗줄기 속에 마구 흔들리고 있었다.

다시 뒤를 돌아 산을 오르기 시작했을 때, 인적은 씻은 듯이 끊어지고 칠흑 같은 어둠만이 앞을 가로막는다. 보이지도 않는 곳으로부터 나뭇가지들이 달려 나와 얼굴을 내리친다. 잎사귀들이 목덜미를 어루만진다. 완월폭포가 있는 곳을 한참이나 지났는가 싶은 순간, 발을 헛디뎠는지 중심을 잃고 캄캄한 벼랑 아래로 몇 바퀴를 굴렀다.

사랑하기 위하여

먼 옛날 우리는
세상 어느 땅 위에
마주 선 나무였을까.
사랑하기 위하여
헤어지기 위하여
오늘은 이렇게
바람 부는 밤
책갈피 갈잎처럼
익어가는 세월이야
강물소리로 흐르겠지만
멋 훗날 우리는
지평선 언덕 위에
마주보는 바위로 설까.

멀고 먼 훗날 우리는
세상 어느 하늘 위를
그림자로 날고 있을까.
오래고 오랜 세월
고요한 화평 끝에
우리들 이름자마저
곱게 곱게 잊혀지고
그리움끼리 사랑끼리
모양도 빛깔도 없이
천지에 오직
조각배 하나
미리내 밖으로 두둥실
떠가지 않겠나.

어이쿠나 하고 정신을 차려 살펴보니

술기운 때문인지 다행히도 어디에 큰 부상을 입은 것 같지는 않다. 굴러 떨어진 벼랑 속은 꽤 좁은 편이었는데, 모여든 낙엽들이 소용돌이를 이루며 혼란의 극을 느끼게 한다. 그러나 그 소용돌이는 내게 무서움이나 혼란을 느끼게 하기보다, 오히려 마음의 평정을 이끌어내고 있었다. 이 소용돌이의 중심에 과연 무엇이 있는가? 이 엄청난 무게의 중심을 떠받치는 힘은 무엇인가.

'지금 이 혼란의 세계를 이끌고 나를 이끌어 가는 그 무엇이 분명히 있다.'

애초에 맥박과 숨통을 열어 준 나의 주인이 곁에서 아주 곁에서 노려보며, 채찍질하며, 이끌고 있었다. 전혀 형체가 없이 무궁한 변화를 이끄는 신묘한 실체가 분명히 살아 움직이고 있었다.

울음이 터져 나왔다. 참으로 오랜 만에 속 시원하게 마음 놓고 터트린 울음보였다.

"신이여! 나의 신이여! 당신은 도대체 어디 계십니꺼? 얼굴 한번 보입시더! 엉~엉~엉"

울음소리는 목구멍과 귓구멍을 관통하고 있을 뿐, 칠흑의 단단한 벽을 넘지 않았고, 안으로 안으로 또 하나의 폭풍을 일구고 있을 따름이었다.

얼마나 오래 동안 기구해 왔던가? 그 그림자의 끝자락에서라도 내 조그만 소망의 밭을 가꾸고 싶었고, 그 앞에 손 모으고 무릎 꿇고 싶었던, 얼마나 무모하고 얼마나 간절한 바램이었던가?

어릴 때 내겐 무거운 것이 꼭 세 개 있었다. 빨간 색과 사이렌 소리와 바람소리였다.

혼자 잠들면서 듣던 사이렌은 나를 미아(迷兒)로 만들어 버릴 것 같았고, 피란 때 호남선 철로 변에 섰던 빨갛고 파랗던 밤의 시그널은 도깨비의 음흉한 눈깔처럼 보였다. 공습경보와 비행기의 폭음이 지나간 후의 폐허 속에서 나는 찢어질 듯한 비명소릴 들었고, 죽음이 남긴 새빨간 흔적을 보았고, 주검을 뒤적거리는 사람의 흐느낌을 따라 멋모르고 울먹거렸다.

그러나 바람소리만은 무서운 것만큼 좋았다. 여우울음에 어울린 뒷산 소나무 사이의 바람소리는, 나를 엄마 가슴속으로 움츠러들게 하는 두려운 것이었지만, 그것은 「호랑이와 곶감」이야기처럼 들으면 들을수록 눈이 매롱매롱해지는 자장이야기 같은 것이었는지 모른다.

에스컬레이터에서

내려온다. 올라간다.
지나가 버린다. 너와 나
눈빛 잠시 부딪치고 나면
천만 년 세월 동안
헤어져야 하느니
선녀처럼 선남처럼
나는 하늘로 너는 땅으로
너는 위로 나는 아래로
우리는 언제나 헤어진다.

지나간다. 우리들 곁으로
사람들은 세상을 넘어가고
세상을 시간을 넘어가고
시간은 우리들을 넘어간다.
살 부딪치며 평생을 살아도
지나가 버린다. 그대와 나
눈빛 몇 번 부딪치고 나면
천만 년 세월 동안
우리는 헤어져야 한다.

변화의 신이 이끄는 위대한 종교

얼마만큼 자란 후, 바람이 몹시 설렁이는 날이거나 태풍이라도 불 때면, 방구석에 웅크린 채 배겨 내기가 싫었다. 세상이 온통 뒤흔들리고 진정 살아 있는 듯한 바깥 모습에 정신을 잃고, 비 맞은 삽살개 꼴이 되어 쏘다니다가 심한 꾸지람을 들었던 적이 한 두 번이 아니다. 당시 내겐 어머님으로부터 물려받은「기독」이란 전지전능의 조물주가 있었지만 「바람」만은 그 전지전능의 영역 밖에서 제멋대로 놀아나는 장난꾸러기쯤 될 것이라고 생각되었다.

공중을 날아가는 이파리떼, 판자쪽, 뽑혀버린 플라타너스의 하얀 뿌리와 굵은 빗방울에 나란히 돌기를 이루었다가 발자국마다 사그락거리며 부서지는 학교 운동장, 무너져 버린 가교사의 짙은 회색빛 지붕위에 모락모락 피어나던 증기가 나는 좋았다. 빗장 지른 대문을 까닭없이 덜컹거리고 밤새도록 문풍지를 울리다가도 어느 틈에 언덕 너머 어디론지 훌쩍 떠나 버리는, 어찌 보면 지조가 없는 것 같고 어찌 보면 바보 같은 그 바람이 나는 좋았다.

바람을 닮은 후에 바람을 좋아했는지, 좋아했기에 닮아진 것인지 아직은 잘 모르지만 난 분명히 그 속에서 내 거짓 없는 모습을 발견할 수 있을 것 같고, 내 의지를 이끌어 온 힘의 근원을 찾을 수 있을 것 같다.

열여섯 해의 학창시절 동안, 열 개의 각기 다른 교문을 들랑거려야 했고, 가는 곳마다 고향은 거기에 없었다. 「집시」의 혈관 속에 녹아 있는 단 하나의 고향의 의미를 비웃을 수 없는 것처럼 내 피의 습성을 지배해 온 바람의 의미 앞에 숙연하지 않을 수 없다.

끝끝내 나의 머리 끄트럭 하나까지 가만 두지 않을, 발갛게 등이 들어난 내 무덤 위의 마지막 풀잎을 흔들며 엷은 영혼이 담긴 관의 뚜껑을 열어젖히고 한 줌의 흙가루마저 허공에 흩어버릴 바람이여!

이처럼 위대한 변화의 신이 이끄는 종교에 나는 참여하지 않을 수 없다.

폭풍의 언덕을 달려가던 「히스크리프」의 휘날리는 머리칼을 잊을 수 없는 것처럼, 황량한 바람의 배경 속에서 허무한 죽음을 사랑했던 그의 숙명처럼···· 연인의 무덤을 파헤치던 검붉은 손가락 끝에서 그의 신(神)이 살아났던 것처럼, 나의 신은 살아나야 한다. 다시 살아나야 한다.

〈1970. 12 마산 동인수필 제 4집 게재〉

서울 아이들아, 어쩌면 좋으냐

천지가 뿌옇게 눈 매운 겨울 아침
더운 김이 모락모락 오르는
겨울 시간 위에서
온도계는 낮잠을 잔다.
대관령에는 폭설주의보가 한창인데
강아지들도 더워서
털갈이는 하는 서울.

마당엔 눈사람의 추억이 없고
눈 덮인 오두막집
가물가물하던 등불 아래
가슴 따뜻하던 겨울이 죽고,
이제 TV화면 속에서만
고드름이 열린다.
화려한 네온사인 위에서만
가짜 눈꽃이 핀다.

서울 아이들아 어쩌면 좋으냐.
글 장난 속에 시가 죽고
공허한 수다 틈에서 말씀이 죽고
빛나는 육신 밑에서 정신이 죽고
온갖 보이는 것만 위대하고
손에 잡혀야만 보배인 세상.

얘들아 어쩌면 좋으냐.
너희가 장차 살아갈 서울의 겨울
그 세상엔 아무쪼록
함박눈이 펑펑 내렸으면 좋겠다.
손 시린 얼음판에 엉덩일 찧더라도
매운 연기 가득한 서울 하늘
꽁꽁 얼어붙었으면 좋겠다.

이 시집의 마지막 두 편 시의 창작 노트는 편집후기를 대신하도록 해야겠다.

첫 번째 시집을 내고 꽤 오랜 만에 두 번째 시집을 내게 되었다. 게을렀기 때문이기도 하겠지만, 변명삼아 솔직히 말하자면, 가지 수가 많다 보니 하나하나의 완성도에 대한 자신감이 떨어져서 기다리고 망설이다가 늦어진 것이라고 말할 수밖에 없다.

한 가지가 어느 정도 되었다 싶으면, 나머지 급한 불을 끄자고 그걸 붙잡고 용을 써야 하고, 다른 경우에도 또 마찬가지의 전철을 밟게 되는, 다람쥐 쳇바퀴 도는 듯한 안타까운 세월 17년을 보낸 것이다.

거기에다가 연(鳶) 분야는 내가 추구하는 다른 분야와 상당한 거리가 있는 것이었음에도 불구하고, 그림과 시를 접목해 놓고 보니 특별한 매력이 있는 것이어서 한 동안은 연그림에 빠져 지냈다. 그런데 중요한 2000년 '평화의 연그림 축제' 나, '2002 한일 월드컵 축하 연그림전' 같은 경우는 행사 기획과 진행을 위해 약 1년씩이나 집중해야 했으므로, 시와 글씨, 그림 분야는 시야 밖으로 밀려나서 완전히 공백기가 되어 버렸었다. 더욱이나 주변의 걱정스런 눈초리와 한 가지만이라도 확실하게 하라는 은근한 압력을 견뎌내기란 참으로 힘든 일이었다. 이 자리를 빌어 그들에게 일단 사죄하고자 한다. 그렇지만 넓고 깊은 우물-여러 개의 우물을 파서 한데 모으는-을 파고, 토끼 여러 마리를 잡는 일이 어렵기는 하지만, 생각보다는 귀하고 가치 있는 일이라는 걸, 늦게나마 당신들이 깨닫고 고개를 끄덕이도록 해 주고 싶다.

한 가지만 더 바란다면, 내가 지금까지 비틀거리며 걸어 온 잡놈 · 잡탕의 길에 대해서 이제는 좀 더 너그러운 시선을 보내주었으면 하는 것이다. 나 말고도 이런 고달픈 노정을 운명적으로 가야만 하는, MBTI의 로드맵이 예견하고 눈짓하는 대로 어쩔 수 없이 꼭 가야만 하는 청소년들이 수 없이 많다는 것이다. 이 사실을 가벼이 생각해서는 안 되며, 그들을 따뜻한 눈길로 대하고 도와주는 사회적 공감대도 생겨나야 할 것이라고 생각한다. 넓고 깊은 우물을 파라. 훨씬 많은 중생들에게 맑은 물을 더 많이 먹일 수 있다.

감사의 뜻으로 조상님 앞에 이 시집을 바쳐야 할 텐데, 앞 쪽 '꿈 속에 나타나신 윤관 장군' 얘기 대목에서 그 뜻을 전해야 할 것을 놓치는 바람에 이곳에다 짧게 넣을 수밖에 없게 되었다. 사실 나에게 예술적 소질을 내려 준 분은 가깝게는 부모님들이겠으나, 멀리 더 근원적으로는 임란 직전에 경주 부윤을 지내셨고, 복성(復城)에 큰 공을 세우셨으며, 대나무 그림과 한시에 능하셨다는 12대조 죽재공(竹齋公) 윤인함 할아버지가 아니신가 한다. 늘 마음 속에 감사함과 크나큰 자부심으로 자리잡고 계신다.

낙엽을 쓸지 마세요

가을바람에 흩날리며
떠나는 자의 깊은 눈 속을
들여다 보세요
나뭇가지 사이로 가벼이 날리는 것은
멀고 먼 당신의
영원한 품속으로 들어가는
무리들의 수척한 모습이에요.

낙엽은 울지 않고
탐욕에 물들지 않고
노여워하거나 서둘지 않고
지치거나 잠들지 않고
당신의 가없는 품 속
영원한 세월 속으로
입적(入寂)할 뿐이지요.

제발 그 마른 빗자루로
헛손질일랑 하지 마세요.
아름다운 새벽을 꿈꾸는
마지막 노을빛을 사랑하듯
흐르는 세월을 사랑하세요.

목숨을 내놓을지언정, 도깨비 뿔을 뽑아버릴 수는 없다

나는 남들과 함께 등산 가기를 썩 달가와 하지 않는다. 서회성이 부족해서라고 말할 지도 모를 일이다. 그러나 어쨌든 나는 근본적으로 한 번 갔던 길은 도무지 가기 싫은 데다가, 산엘 가더라도 남들이 가지 않은 길로 갈 수는 없을까 끊임없이 궁리한다. 위험하더라도 물 건너 바위 건너, 질러서 가고 싶은 마음을 억제하기가 무척 힘이 든다. 수양 부족이라면 엄청난 수양 부족일 텐데, 과연 수양을 한다면 무엇을 위한, 누구를 위한 수양이란 말인가? 단지 소원이 있다면, 힘자라는 대로 남을 도울 수 있으면 더욱 좋겠고, 부디 가까운 사람들에게 상처 주는 일이 없이, 남은 길을 가야 할 텐데 하고 걱정할 뿐이다.

이미 '고백록 시편들'을 통해 도깨비 남편과 아버지로서 사과의 메시지를 보냈지만, 그래도 미진함은 남는다. 왜냐하면 기껏 미안한 기색을 보여 놓고도 그 길을 또 계속해서 가야만 하기 때문이다. 서양 사람들이 매일 매 순간 '당신을 사랑해'라고 소곤거려야만 편안한 하루를 기약할 수 있는 것처럼, 나 역시도 끊임없이 '미안해'를 연발해야만 나의 그 도깨비 노릇이 가능한 것이라면, 나는 이제 내 이마에 솟은 이놈의 도깨비 뿔을 뽑아 버리겠다. 그러나 평생을 목숨처럼 아끼고 길러 온 고유 브랜드 윤도깨비 뿔을 어찌 뽑아 버릴 수 있겠는가. 차라리 목숨을 내놓는 편이 훨씬 낫지. 단지 지금까지 40년을 걸어 온 내 예술과 인생의 희비쌍곡선 행로가 과히 실패한 것이 아니라면, 이제부터는 내 마음과 눈빛만을 보고도 내 진정을 이해해 달라고 말하고 싶을 뿐이다.

앞의 '새벗동산' 얘기 중에 나와야 할 '새벗'들의 이름이 많이 빠져 있다. 눈물과 웃음으로 함께 한 웅길 형, 신영, 두영, 창범, 주필, 광윤, 승희의 모습 그리고 어둠과 빛의 추억을 잊지 않기 위해 여기 이렇게 활자로 남기고 싶다.

두 번째 시집을 묶어내는 데 힘을 보태느라 가까운 사람들이 고생을 너무 많이 했다. 불편한 몸을 이끌고 끝까지 세세한 것들을 빠트리지 않게 도와 준 아내 정실(正實)과 의논 상대가 되어 준 솔이, 새로 시작한 조교 일로 바쁜 형을 대신하여 여러 몫을 다해 준 참이에게 특별히 고맙다는 말을 여기에 새겨 놓고 싶다.

기꺼이 축사를 써 주신 이근배 시인과 홍석창 화백께 깊은 감사를 드리며, 이화출판사 이홍연 사장님과 최광신 국장님, 이용진 편집장, 지면 구성에 정성을 다해 준 편집디자이너 지용주씨께 깊은 감사를 드린다.

출생 및 성장 // 본관은 파평(坡平). 1947년 서울 출생. 평택, 제주, 부산, 김해, 마산 등에서 성장. 본명은 창혁(昌赫). 1982년 등단 후, 필명으로 '고방'을 주로 씀. **학력 //** 김해동광초교, 김해중, 수송공고, 경남대학교 국어국문학과 졸업. 동국대학교 대학원 국문학과 현대문학 전공 졸업(문학석사), 동방대학원대학교 서화예술학과 재학 중(박사과정). **문학 //** 1070~1972 ; '마산 동인수필에 '바람 앞에 서라' 등 다수 발표. 1978. 5 ; '현대문학' 현대시부문 초회 추천(심사위원 ; 이원섭). 1982. 5 ; '한국문학' 현대시 신인상 수상(심사위원 ; 이원섭, 박재삼, 이근배). 1984. 1 ; '한국시'에 현대시 '밤에 물 받기' 외 3편 수록 1985~ 1990 ; '동국시', '송파문학' 등에 시 수편 게재. 1980~ 1995 ; 한국문학, 월간문학 등에 '외쪽 날개로만 날기 위하여' 등 발표. **미술(회화, 서예, 도예, 연그림) //** 1971~1973 ; 원당 김제운 선생께 서예 입문. 1974~1976 ; 심산 노수현 화백께 산수, 사군자 배움. 1976~1978 ; 일중 김충현 선생께 서예 배움 1982~1990 ; 한불 인병득 선생께 도예 배움 1995~2007 ; 화가 홍석창 선생께 한국화 배움 **개인전 //** 1990. 9 ; 제1회 윤고방 시도화전(詩陶畵展). 2007.10 ; 제2회 윤고방 시집. **단체전 //** 1980 ; 한국문인협회 시화전 출품. 1998~2003 ; 홍익대미술교육원전 출품. 1999~2005 ; 일중묵연회전 출품. 1999~2005 ; 문인화정신전 출품. 2005~2007 ; 창묵회전, 안산시 연꽃그림전 등 다수 출품. **수상 //** 1994 ; 추사선생추모 전국서예백일장 한글부 특선. 1997 ; 통일서예대전 한글부 입선. 2000 ; 경인미술대전 한국화 비구상부문 특선. 2001~2007 ; 대한민국미술대전 한국화 비구상부문 입선, 문인화부문 특선 및 입선. 2002~2006 ; 서울미술대상전 문인화부문 특선 및 입선. 2003~2006 ; 대한민국서예문인화대전 특별상, 특선 등 초대작가. 2004~2006 ; 홍재미술대전 특선 3회 등 초대작가. **연그림 //** 1991~1993 ; 1~3회 서울국제연날리기대회 기획 및 진행 1997~2007 ; 평화의 연그림축제, 월드컵축하 연그림전, 독도연그림전 등. **논문 //** 1986 ; 김동명의 시세계(동국대학교 대학원 논문집). 2004 ; 한글 화제시(畵題詩)연구(동국대학교 대학원 석사논문). **시집 //** 1990 ; 하늘 가리고 사는 뜻은(미리내). 2007 ; 바람 앞에 서라(월간 서예문인화 · (주)이화문화출판사). **직책 //** 경남방송 PD, 고려고, 대원고, 건대부고 국어교사로 37년간 근무(전), 사단법인 한국민속연보존회 부회장(전), 한국연그림협회 회장(현), 한국문인협회, 한국미술협회, 창묵회 회원

그림과 산문이 있는 바람앞에서라
윤고방 자전시집
그림과 산문이 있는

초판발행 | 2007년 10월 24일
재판발행 | 2007년 11월 9일

발행인 | 고방 윤 창 혁
주소 | 서울시 광진구 능동 232-5
경기도 양평군 서종면 수입리 656-7 고방화루(古方畵樓)
전화 | 02-3436-4159 / 011-264-4157
E-mail | gobang470@hanmail.net

제작처 | 月刊 書藝文人畵 · ㈜이화문화출판사
주소 | 서울시 종로구 내자동 167-2
전화 | 02-732-7096~7
homepage | www.makebook.net

값 10,000원